"大兴安岭成矿带漠河—扎兰屯地区地质矿产调查"项目资助
"国家地质数据库建设与整合"项目资助

黑龙江省多宝山—三道湾子地区金属矿产资源及利用图集

HEILONGJIANG SHENG DUOBAOSHAN—SANDAOWANZI DIQU
JINSHU KUANGCHAN ZIYUAN JI LIYONG TUJI

邵 军　吴新伟　舒广龙　付俊彧
　　　　　　　　　　　　　　　　　编著
张春鹏　韩仁萍　刘宝山　张 璟

中国地质大学出版社
ZHONGGUO DIZHI DAXUE CHUBANSHE

图书在版编目（CIP）数据

黑龙江省多宝山—三道湾子地区金属矿产资源及利用图集/邵军等编著.—武汉：中国地质大学出版社，2020.6
ISBN 978-7-5625-4771-6

Ⅰ.①黑…
Ⅱ.①邵…
Ⅲ.①金属矿物-矿产资源开发-黑龙江省-图集
Ⅳ.①F426.1-64

中国版本图书馆CIP数据核字（2020）第079672号

黑龙江省多宝山—三道湾子地区金属矿产资源及利用图集		邵军　等编著
责任编辑：胡珞兰　段勇	选题策划：毕克成　段勇	责任校对：徐蕾蕾
出版发行：中国地质大学出版社（武汉市洪山区鲁磨路388号）		邮编：430074
电话：（027）67883511		E-mail:cbb@cug.edu.cn
传真：（027）67883580		经销：全国新华书店
开本：880毫米×1 230毫米　1/8		字数：186千字　印张：8.25
版次：2020年6月第1版		印次：2020年6月第1次印刷
印刷：武汉精一佳印刷有限公司		
ISBN 978-7-5625-4771-6		定价：168.00元

如有印装质量问题请与印刷厂联系调换

前 言

黑龙江省多宝山—三道湾子地区位于大兴安岭、小兴安岭山脉交会部位，金属矿产资源丰富，是我国东北地区重要的铜、钼、金、多金属成矿集中区，已探明多宝山、铜山大型铜钼矿床及三道湾子大型金矿床等。近年来，随着地质矿产调查工作的深入，该地区金矿找矿工作获得重大突破，争光金矿床达到大型规模，新发现永新大型金矿床，二道坎银矿床、三五八金矿床、黑花山钼（铜）矿床有望达到大型规模；新发现三合屯、孟德河、罕达气等金矿床的勘查工作也取得较大进展。

中国地质调查局沈阳地质调查中心实施的"大兴安岭成矿带漠河—扎兰屯地区地质矿产调查"项目及"国家地质数据库建设与整合"项目，基本查清了多宝山—三道湾子地区铜、金、钼、银、铁、锌、钨等资源的分布和开发利用现况，概括总结了区域成矿地质背景及成矿条件以及重要矿床控矿条件、矿床成因、成矿模式。《黑龙江省多宝山—三道湾子地区金属矿产资源与利用图集》即为该项目成果的汇总。

图集在编制过程中，得到了黑龙江省自然资源厅张昱、于援邦、徐文喜、李永胜等专家的大力支持和悉心指导，在此表示衷心的感谢！

目 录

序 图

多宝山—三道湾子地区行政区划及遥感影像图 ································· 3

多宝山—三道湾子地区大地构造位置图 ····································· 4

大兴安岭(北东段)成矿带划分与最小预测区分布图 ··························· 5

多宝山—三道湾子地区地质矿产图 ·· 6

多宝山—三道湾子地区矿床(点)分布图 ····································· 7

多宝山—三道湾子地区地质矿产工作程度图 ································· 8

地球物理、地球化学图

多宝山—三道湾子地区金地球化学图 ······································· 11

多宝山—三道湾子地区铜地球化学图 ······································· 12

多宝山—三道湾子地区钼地球化学图 ······································· 13

多宝山—三道湾子地区航磁 ΔT 等值线及地质解译图 ·························· 14

多宝山—三道湾子地区布格重力及断裂构造解译图 ··························· 15

白石砬子地区1∶5万地质-重力-航磁三维立体模型图 ························· 16

白石砬子地区1∶5万重力-航磁-电质三维立体模型图 ························· 17

矿床地质图

多宝山铜（钼）矿床 ·· 21

铜山铜矿床 ·· 26

争光金矿床	29
三矿沟铜（铁）矿床	31
三道湾子金矿床	34
永新金矿床	38
上马场金矿床、关鸟河钨矿床	40
大新屯金锑矿床	41
三五八金矿床	43
黑花山钼矿床	47
孟德河金矿床	49
三合屯金矿床	50
二道坎银矿床	51

矿产资源分布与开发利用现状

金资源分布与开发利用现状	55
铜资源分布与开发利用现状	57
钼、锌、锑、铁、银资源分布与开发利用现状	59

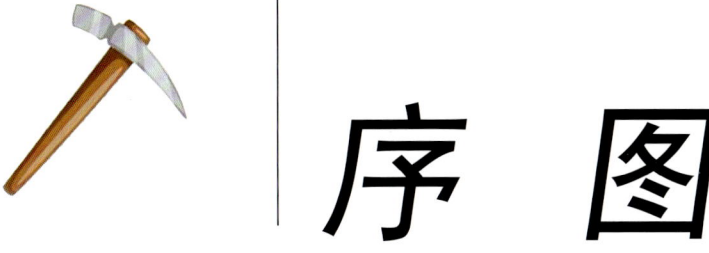 序 图

多宝山—三道湾子地区行政区划及遥感影像图

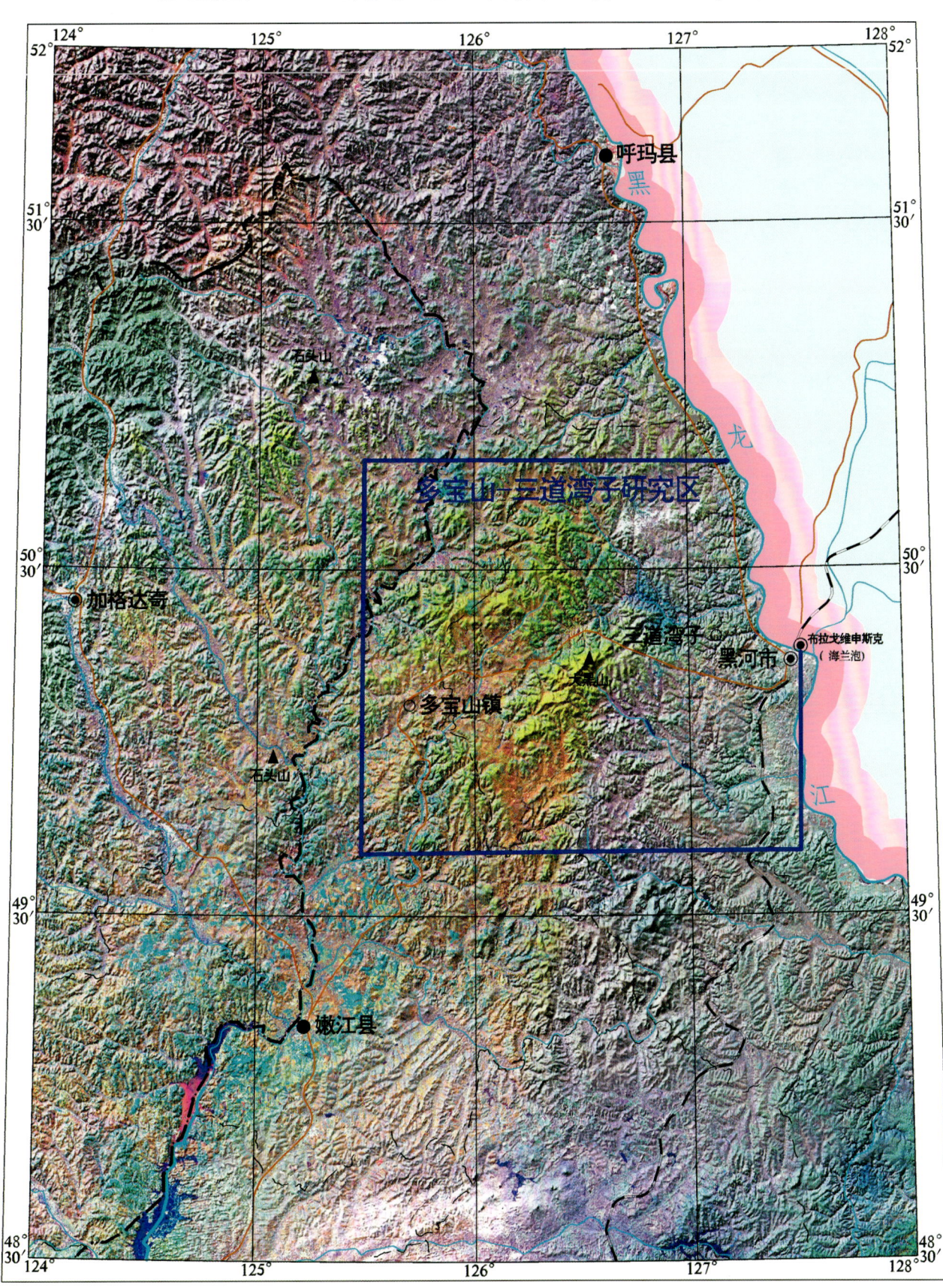

自然地理概况

多宝山—三道湾子地区地处大兴安岭、小兴安岭山脉的交会部位，行政区划属于黑龙江省黑河市的嫩江县及爱辉区、孙吴县的部分地区。黑河市东北与俄罗斯阿穆尔州隔黑龙江相望，西以嫩江为界与内蒙古自治区呼伦贝尔市毗邻。黑河市经济以林业、农业为主，渔业、牧业、对外贸易等为辅，基础工业、重工业欠发达。

黑河市是中国著名的旅游风景区。地貌景观特征为"六山一水一草二分田"。山丘起伏连绵，河流纵横交错。地势呈现中部高、两侧低，北部高、南部低的特点，最高山峰是大黑山，海拔867.4m。低山、丘陵、山峰面积分别占全区总面积的25%、39.27%、35.73%。

黑河地区属于寒温带气候，寒冷是黑河地区主要气候特征，冬长夏短，年平均气温-1.3～-0.4℃；一月份最寒冷，平均气温-23.8℃，七月份最热，平均气温19.4～21.3℃。平均年度无霜期90～120天，年平均降水量500～550mm。

黑河市人口162.8万人，由汉族、蒙古族、满族、回族、鄂伦春族、俄罗斯族、鄂温克族等39个民族构成，城镇人口占61.30%，劳动力不足。

黑河地区水资源丰富。黑龙江和嫩江两大水系分别自本区东部、西部经过，大小河流621条，人均水资源占有量是全国人均占有量的3.5倍。

森林资源优势明显，是黑龙江省三大林区之一，全区林地面积$281.3 \times 10^8 m^2$，木材蓄积量$1.58 \times 10^8 m^3$。

该区矿产资源丰富，探明黑色金属、有色金属、贵金属、稀有稀土金属，以及能源、化工、冶金辅料等矿产资源93种。多宝山铜（钼）矿床是我国东北地区最大的斑岩型铜钼矿床，伴生金、银、铼、镉等贵金属和稀有稀土金属。

多宝山—三道湾子地区大地构造位置图

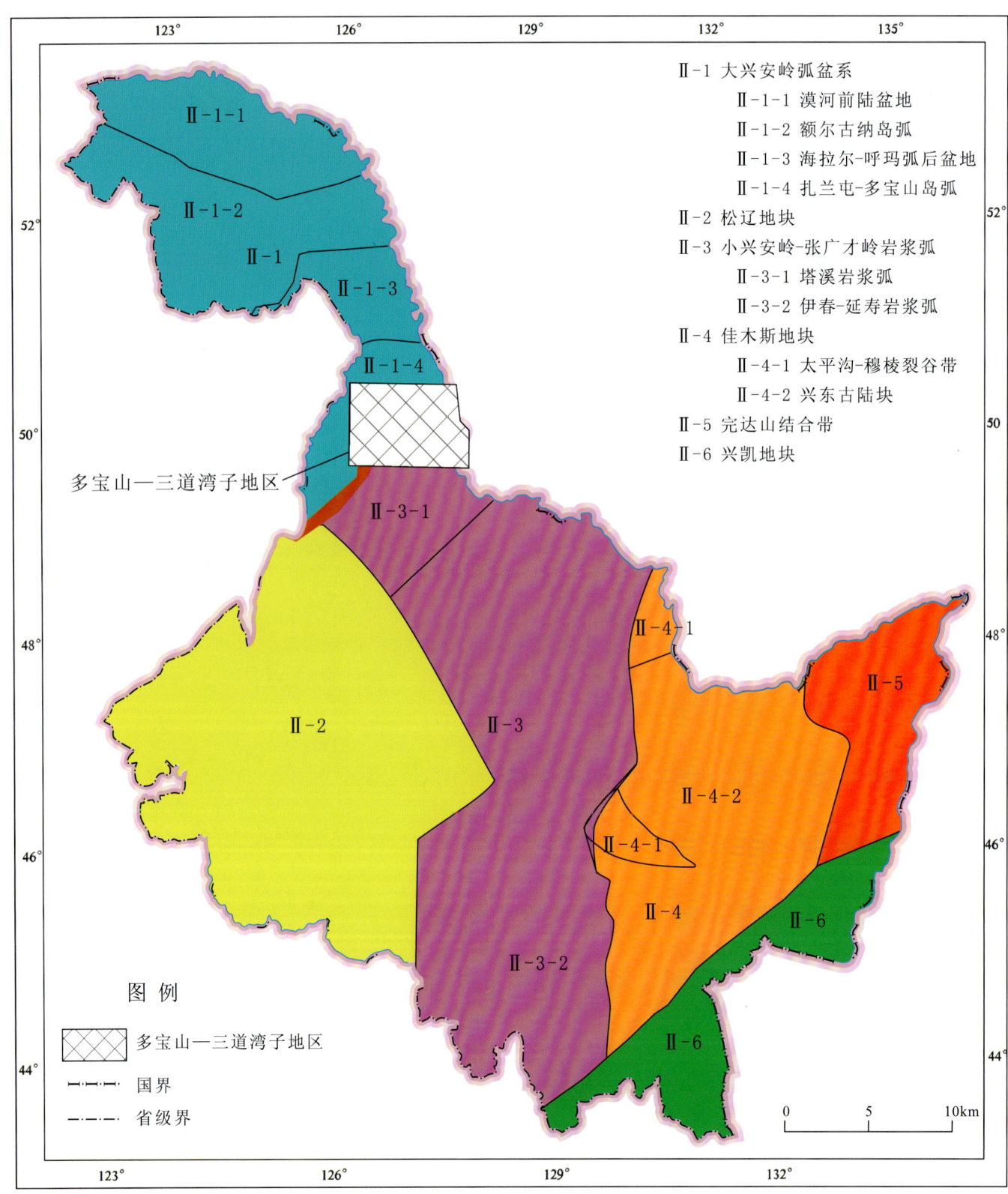

多宝山—三道湾子地区大地构造位置处于古亚洲洋构造域（Ⅰ级），大兴安岭弧盆系（Ⅱ-1）和小兴安岭-张广才岭岩浆弧（Ⅱ-3），扎兰屯-多宝山岛弧（Ⅱ-1-4）及塔溪岩浆弧内（Ⅱ-3-1）。

早古生代，受古亚洲洋构造域控制，由于受松嫩地块的北西向俯冲作用，在兴安微地块东南缘形成多宝山岛弧。

晚古生代，兴安地块与松嫩地块在扎兰屯—多宝山一线缝合，形成碰撞造山带，为海相-滨海相陆源碎屑夹火山沉积建造，并伴随强烈的岩浆侵入作用。

中生代，受蒙古-鄂霍茨克洋构造域、滨太平洋构造域的双重作用，该地区经历挤压造山-造山后伸展作用过程，岩浆侵入和火山喷发活动强烈，形成了一系列规模不等的侵入岩体及大规模的火山喷发-沉积岩系。

受三大构造域的叠加与改造作用影响，岩浆侵入活动集中在加里东期、印支期和燕山期，岩浆来源及形成的构造背景具有多样化特点，侵入岩的改造、叠加作用明显。

复杂的地质、构造-岩浆演化，在多宝山—三道湾子地区构成了规模大、多期次、成矿物质来源复杂的成矿系统，形成众多的贵金属、有色金属矿床。目前已探明或发现小型以上规模的矿床14处，矿点、矿化点众多，其中大型矿床4处，中型矿床3处，小型矿床7处。区内还探明或发现砂金矿床20处，其中中型矿床3处，小型矿床17处。

矿床成因类型主要有斑岩型[多宝山铜（钼）矿床、铜山铜矿床等]、接触交代型[三矿沟铜（铁）矿床、关鸟河钨矿床等]、次火山热液型（永新金矿床、三道湾子金矿床、二道坎银矿床等）和岩浆期后热液型（大新屯金锑矿床、三五八金矿床等）。

大兴安岭（北东段）成矿带划分与最小预测区分布图

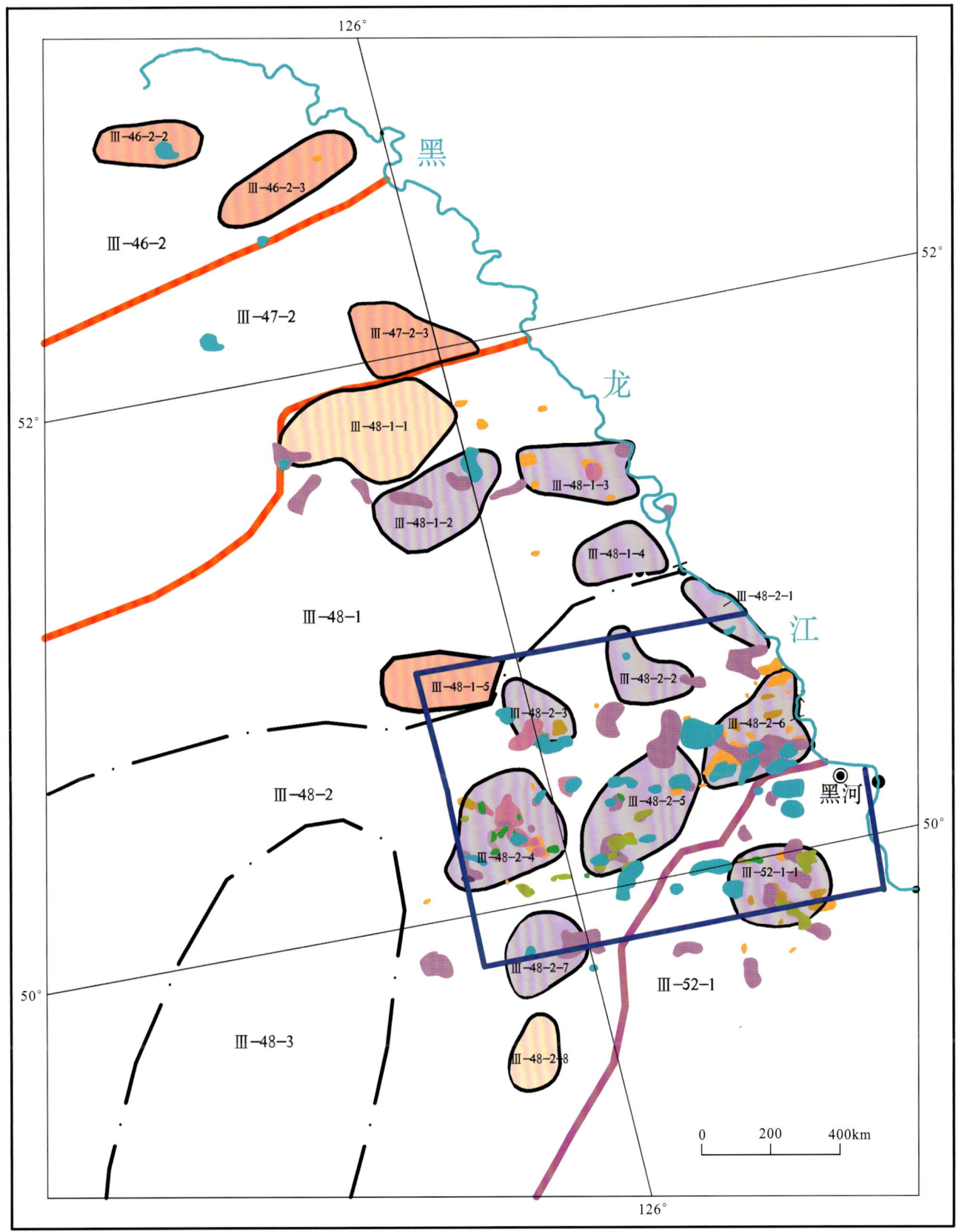

图 例

- 🟠 金矿最小预测区
- 🟣 银矿最小预测区
- 🟪 钨矿最小预测区
- 🟧 锑矿最小预测区
- 🟢 铜矿最小预测区
- 🟡 铅锌矿最小预测区
- 🔵 钼矿最小预测区
- ▭ 多宝山—三道湾子地区

Ⅲ-46-2. 上黑龙江Au-Cu-Mo成矿带
 Ⅲ-46-2-2. 二十一站Au成矿区
 Ⅲ-46-2-3. 富拉罕Au成矿区

Ⅲ-47-2. 根河Au-Cu-Ag-Mo成矿带
 Ⅲ-47-2-3. 兴安桥Fe-Au成矿区

Ⅲ-48-1. 古利库-呼玛Au-Fe-Ti成矿亚带
 Ⅲ-48-1-1. 北西里Ti-Fe-Au成矿区
 Ⅲ-48-1-2. 四道沟东山Au成矿区
 Ⅲ-48-1-3. 旁门开Au成矿区
 Ⅲ-48-1-4. 二十四号桥Au成矿区
 Ⅲ-48-1-5. 古利库Au成矿区

Ⅲ-48-2. 罕达盖-博克图-多宝山Fe-Cu-Au-Mo-Ag成矿亚带
 Ⅲ-48-2-1. 大新屯Au-Sb成矿区
 Ⅲ-48-2-2. 滨南林场Mo-Au成矿区
 Ⅲ-48-2-3. 马鞍山Au成矿区
 Ⅲ-48-2-4. 多宝山Cu-Au-Mo-W-Fe成矿区
 Ⅲ-48-2-5. 小泥鳅河Au成矿区
 Ⅲ-48-2-6. 三道湾子Au成矿区
 Ⅲ-48-2-7. 野猪沟Mo-Au成矿区
 Ⅲ-48-2-8. 嫩北农场Mo-Au成矿区

Ⅲ-48-3. 大杨树盆地Au-Cu-Mo-煤成矿亚带

Ⅲ-52-1. 塔溪Cu-Zn-Au-Mo成矿带
 Ⅲ-52-1-1. 付地营子Cu-Zn-Au-Mo-硫铁矿成矿区

多宝山—三道湾子地区地质矿产图

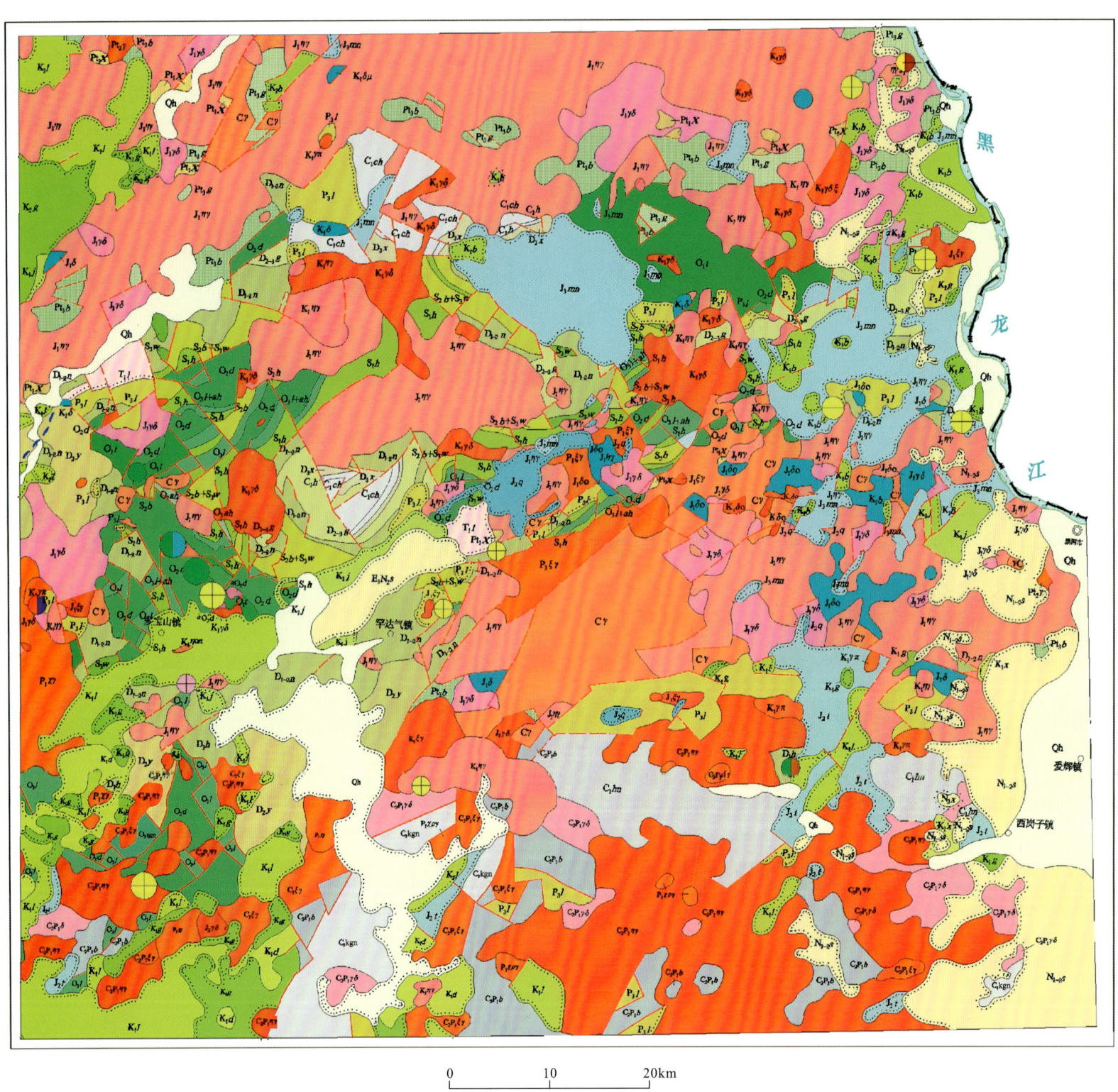

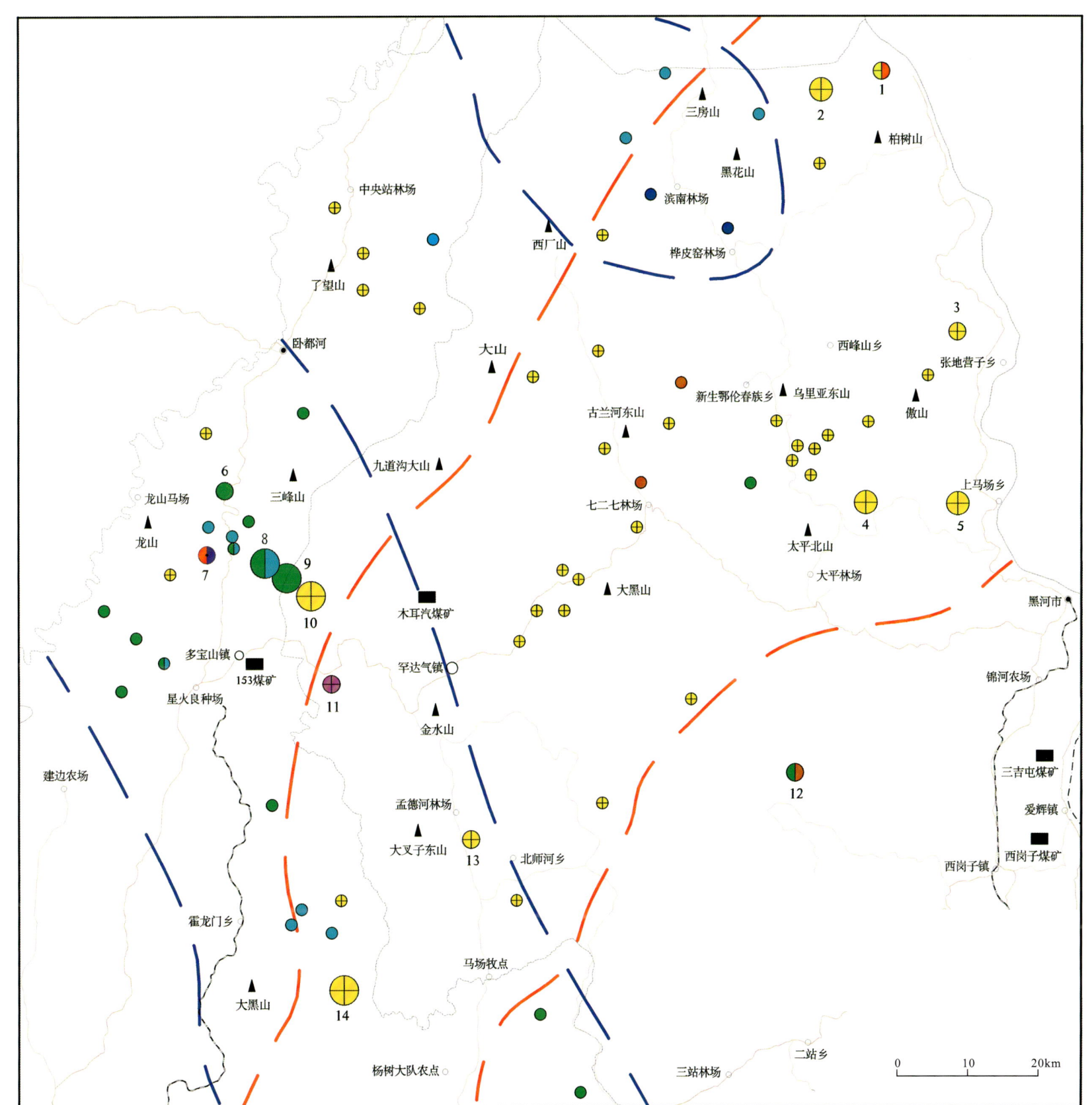

多宝山—三道湾子地区地质矿产工作程度图

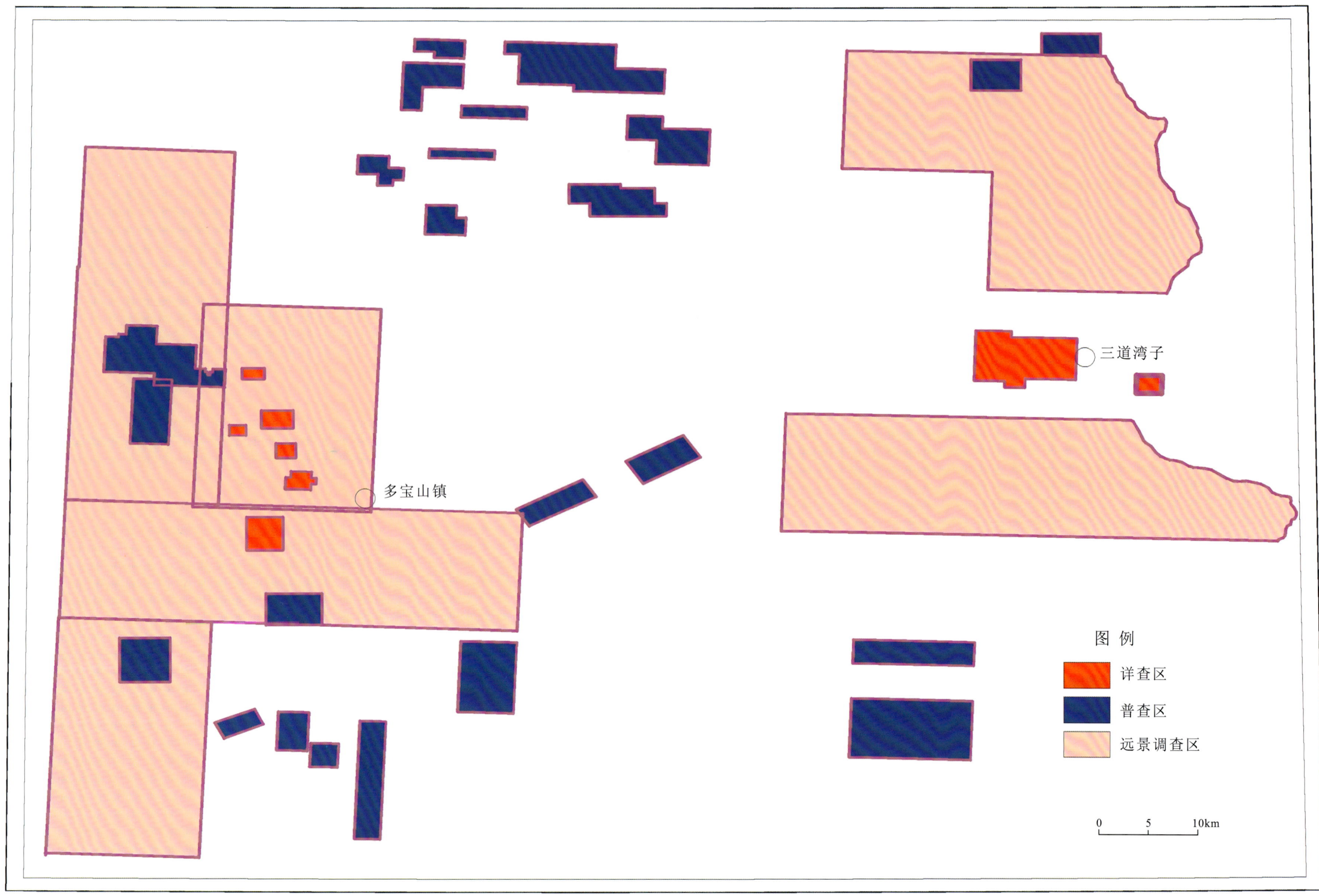

地球物理、地球化学图

多宝山—三道湾子地区金地球化学图

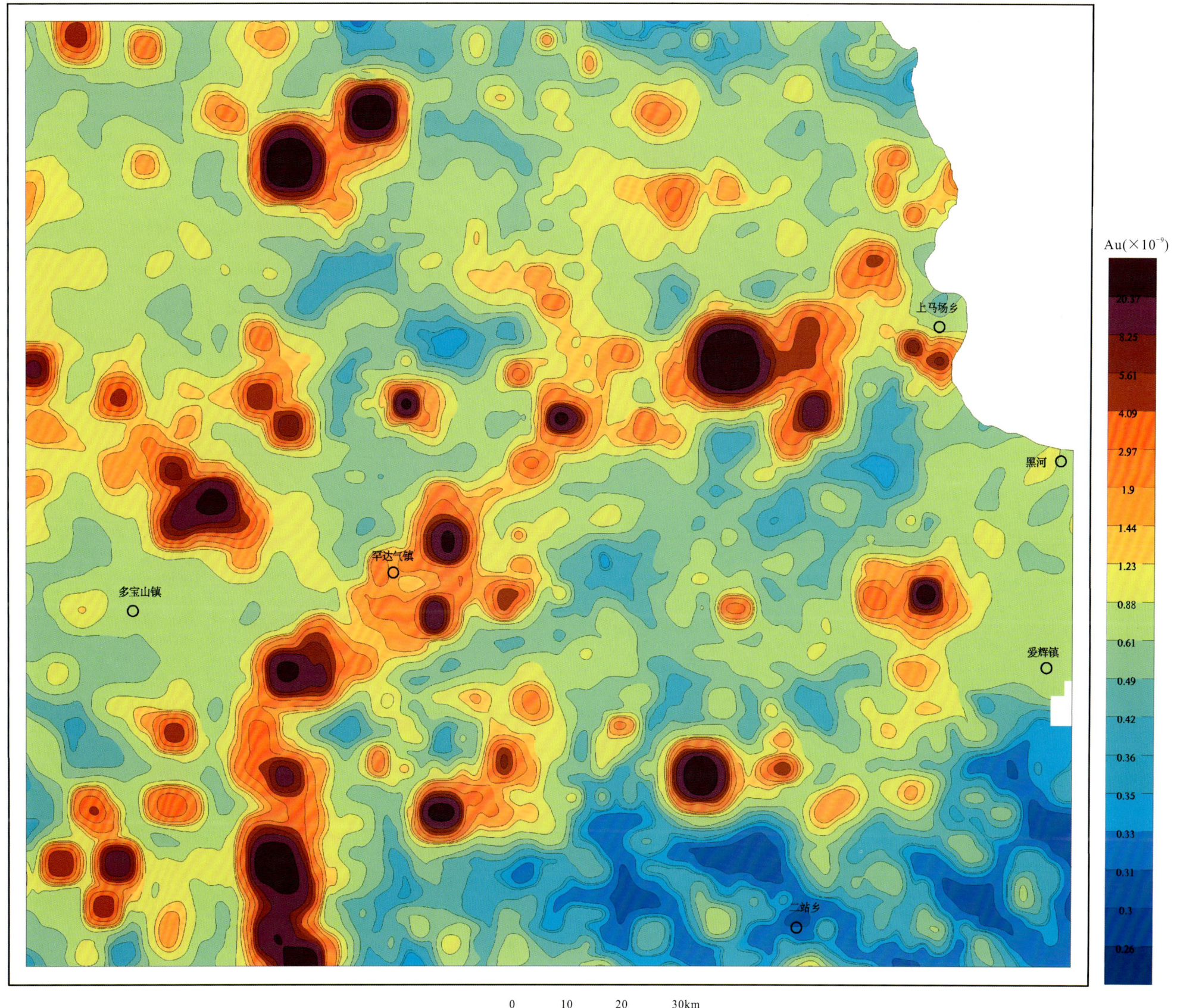

多宝山—三道湾子地区铜地球化学图

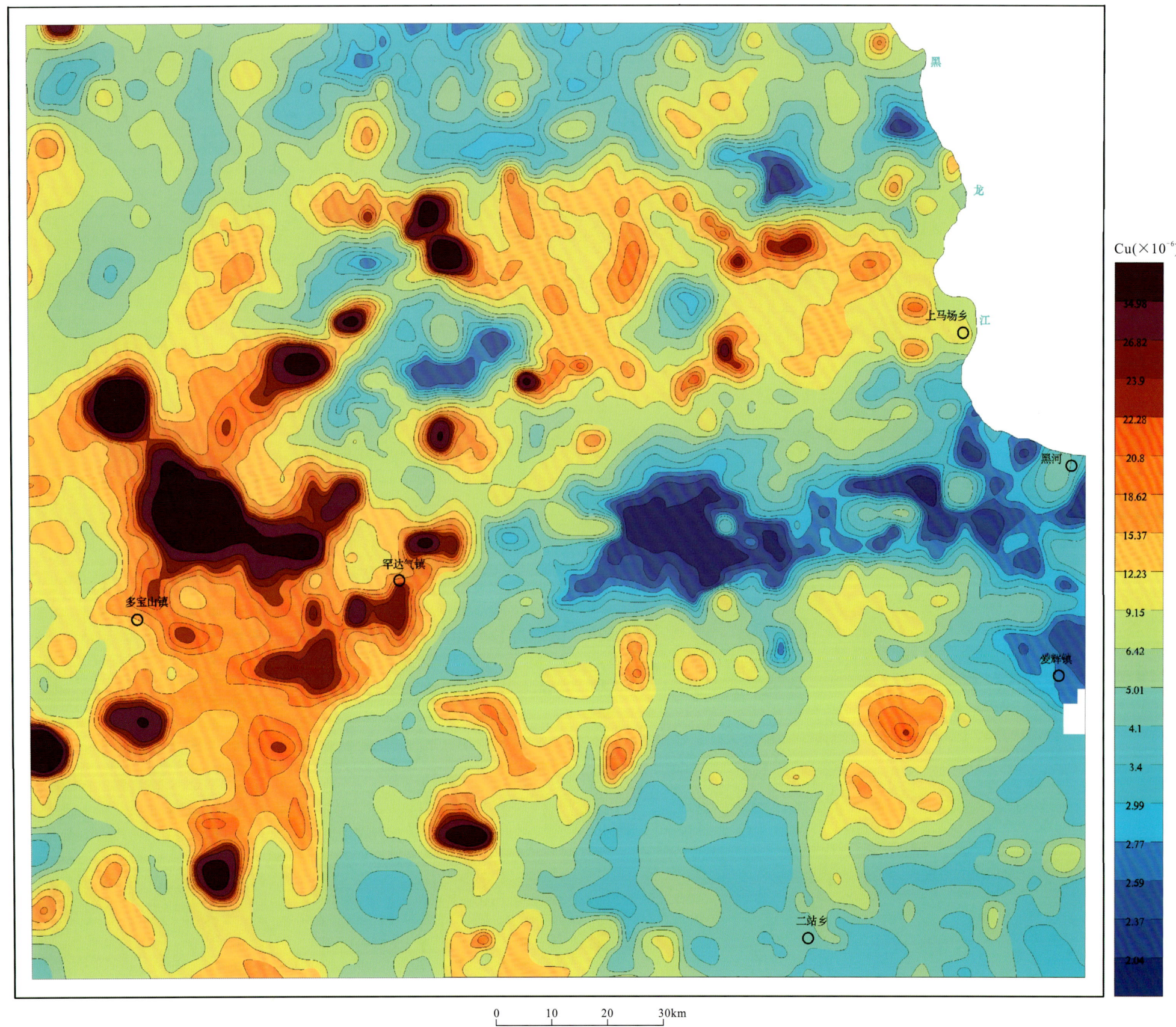

多宝山—三道湾子地区钼地球化学图

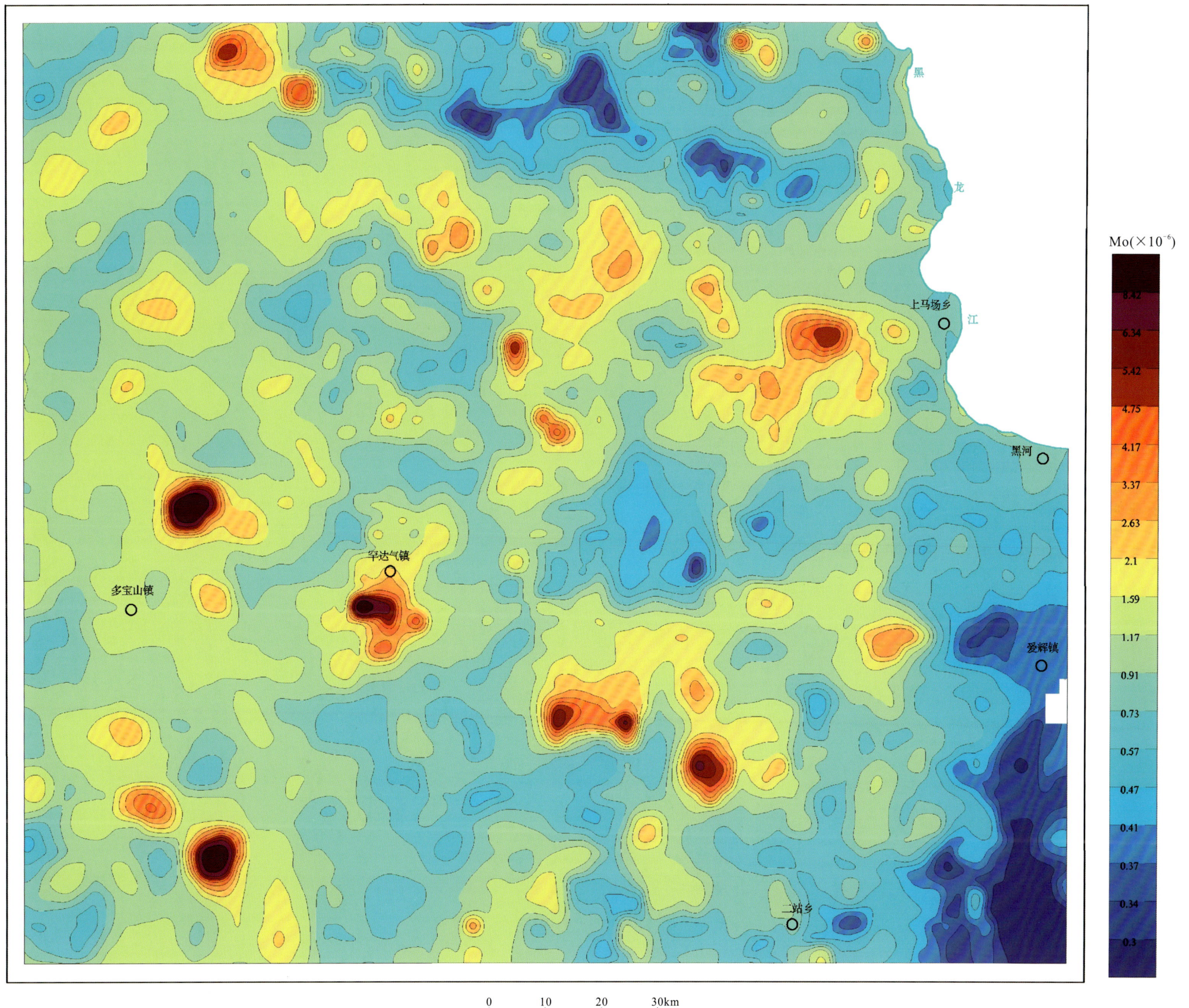

多宝山—三道湾子地区航磁ΔT等值线及地质解译图

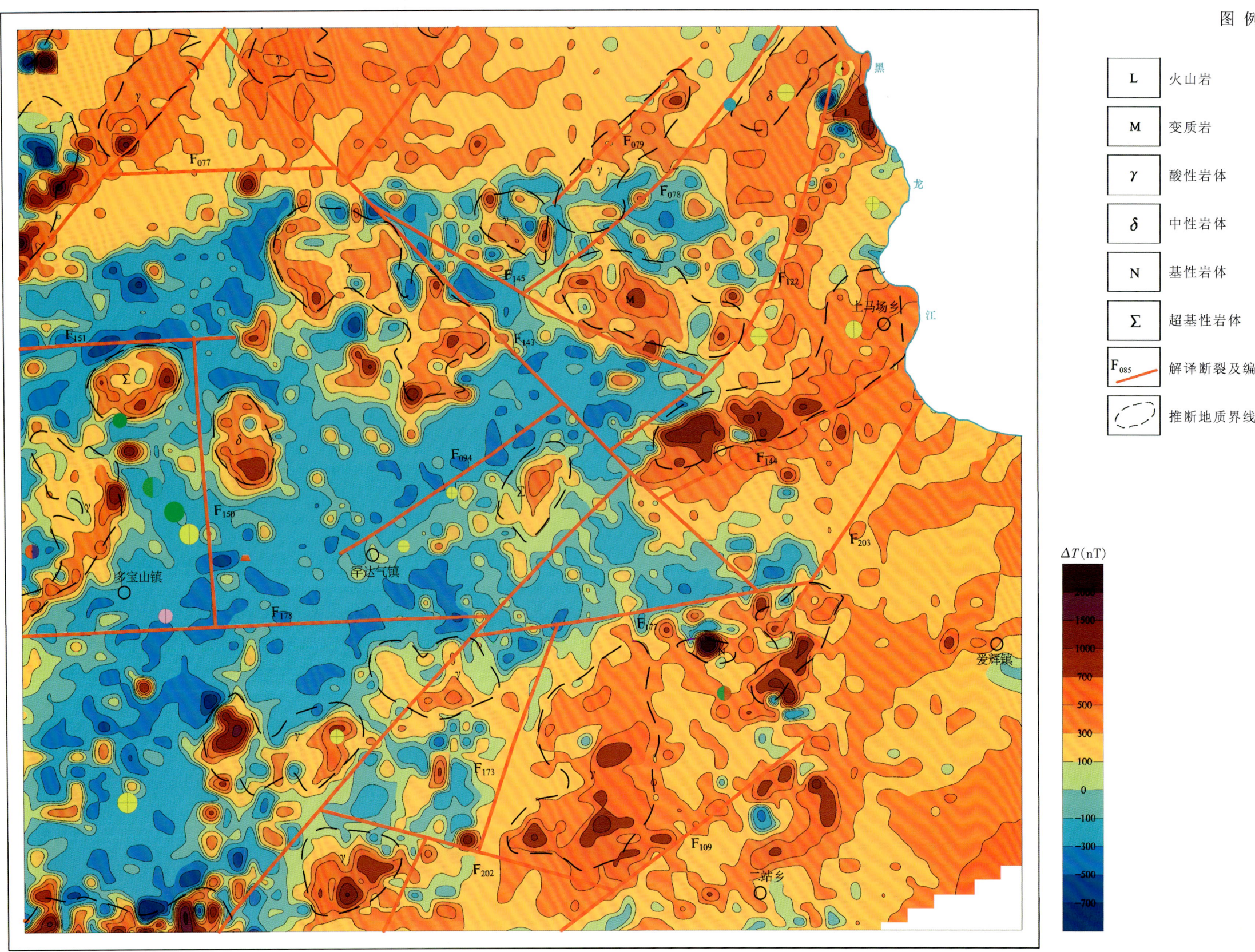

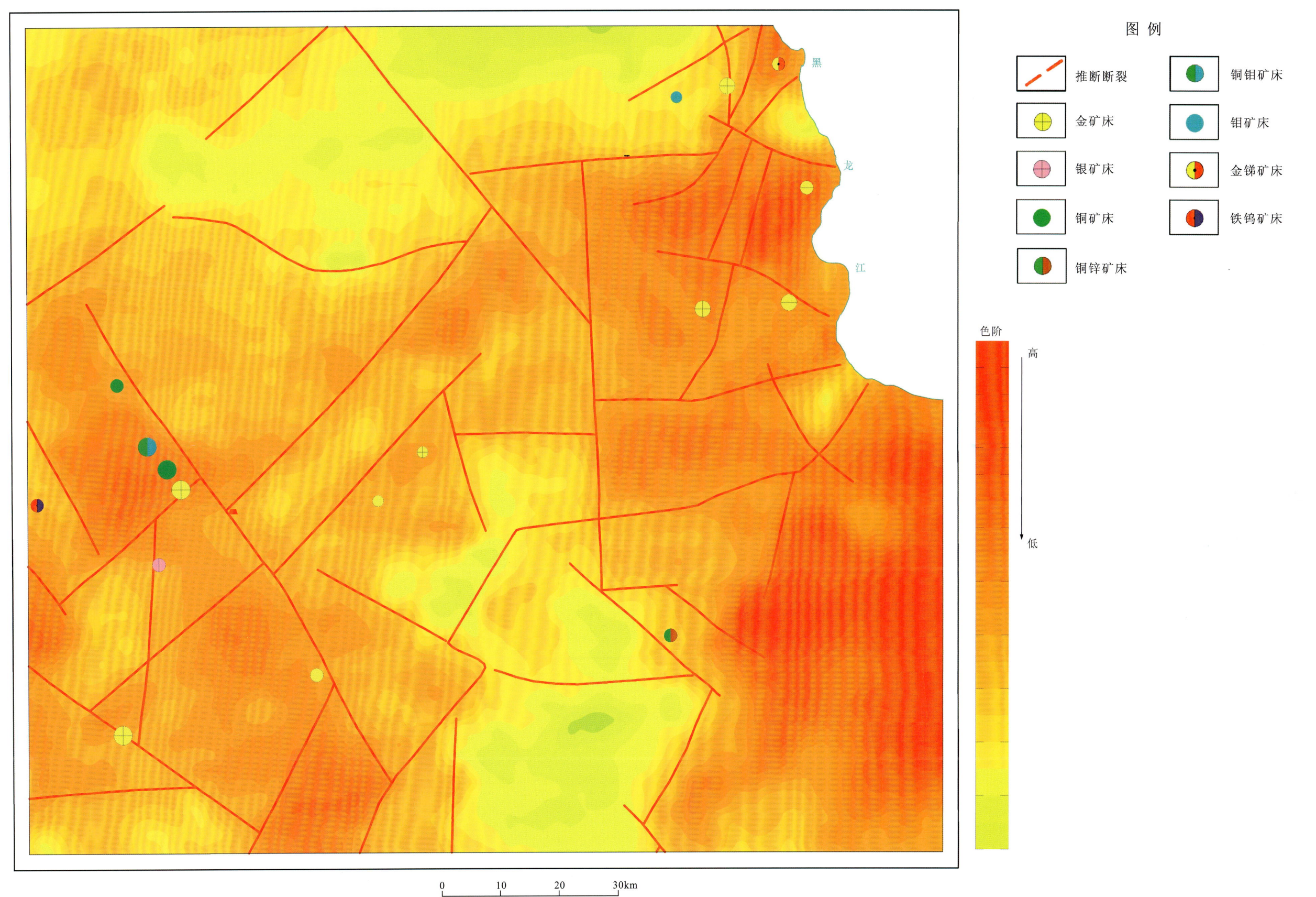

多宝山—三道湾子地区布格重力及断裂构造解译图

白石砬子地区1∶5万地质-重力-航磁三维立体模型图

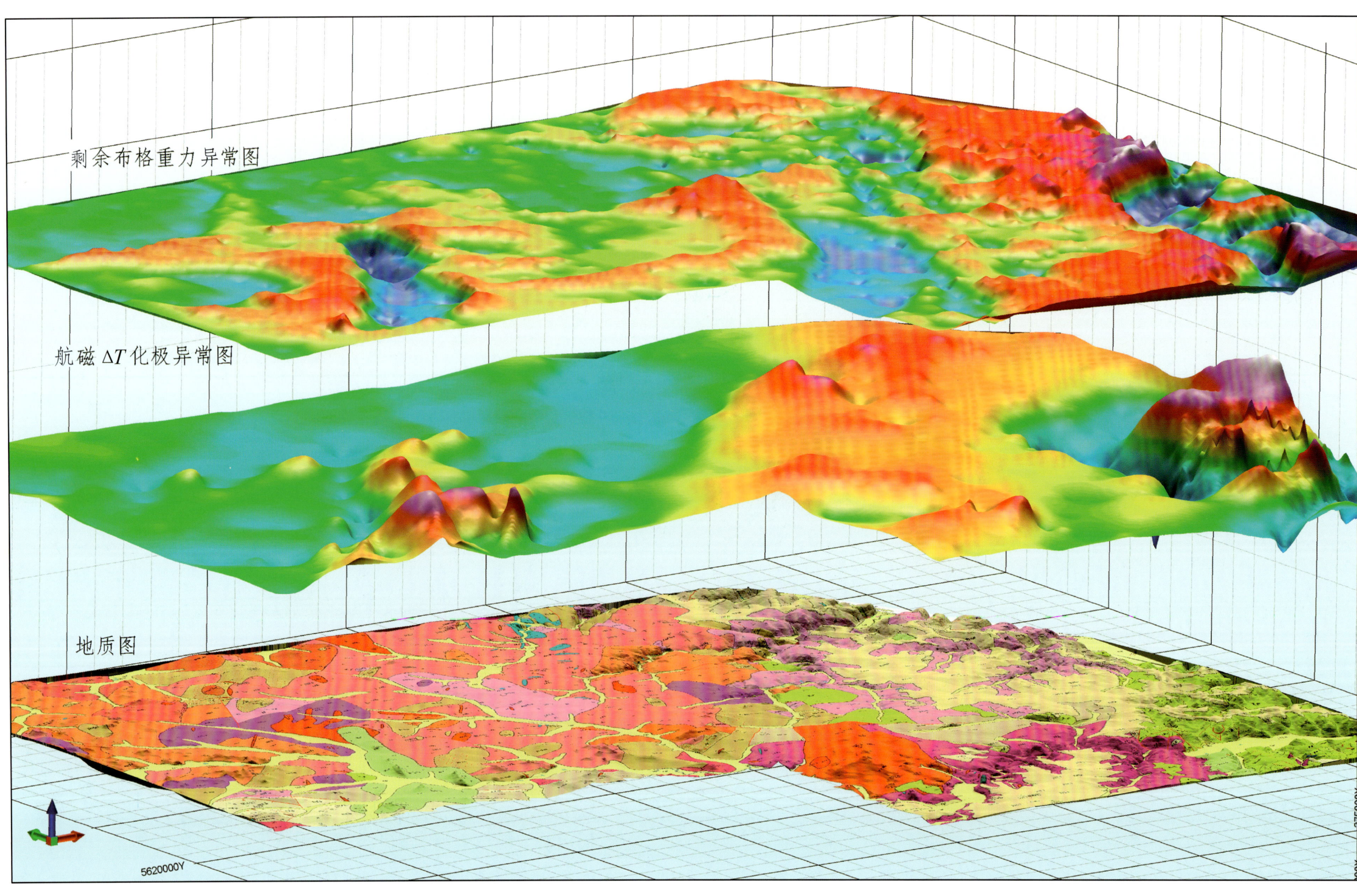

白石砬子地区1∶5万重力–航磁–电质三维立体模型图

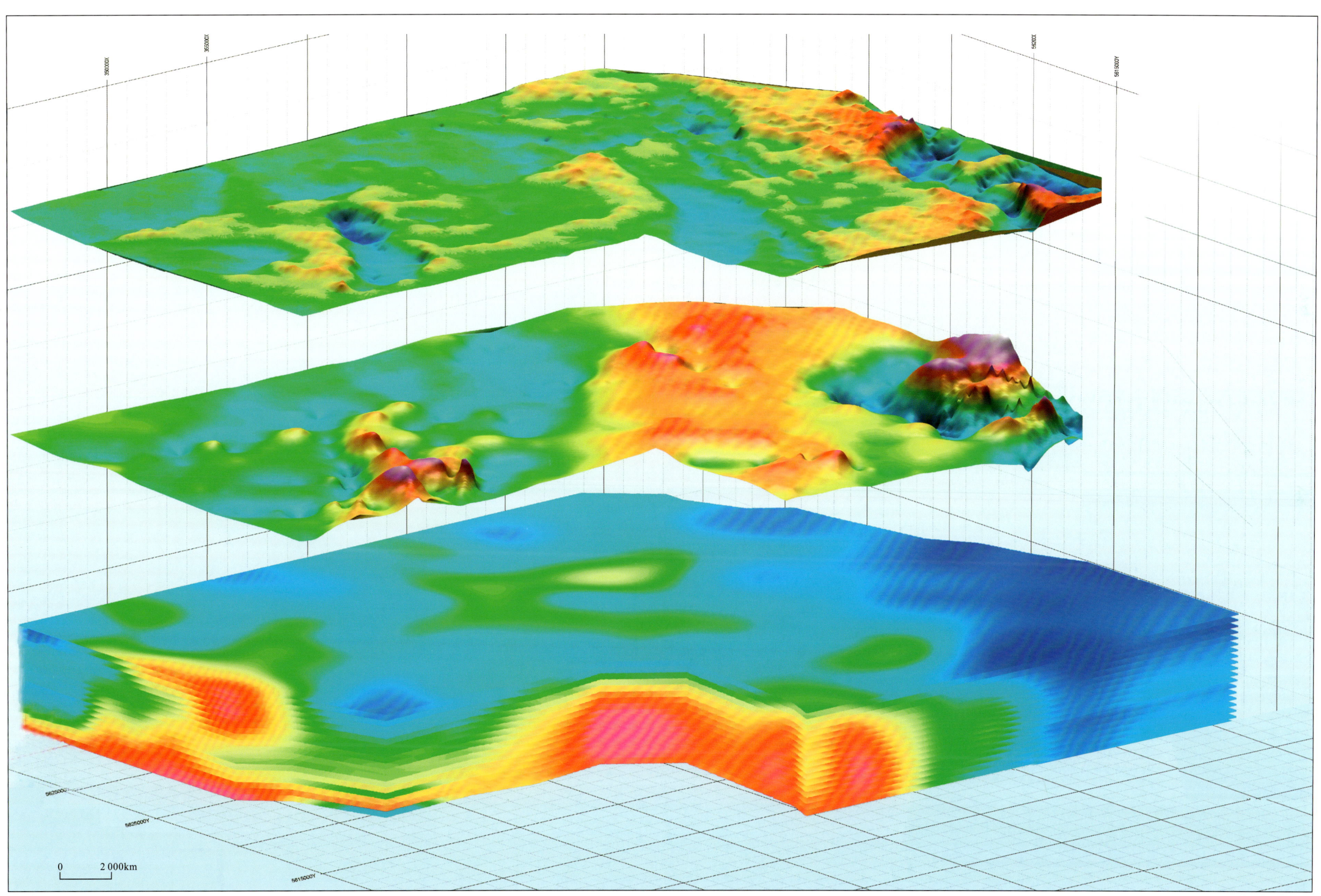

矿床地质图

多宝山铜(钼)矿床

多宝山铜(钼)矿床是中国东北地区超大型斑岩型铜(钼)矿床，位于嫩江县多宝山镇北西约20km处，地理坐标：北纬50°12′00″—50°16′00″，东经125°45′00″—125°50′00″。

矿区出露地层主要为中奥陶统铜山组和多宝山组。铜山组是一套陆源碎屑岩建造，多宝山组为一套安山质、凝灰质海相火山熔岩夹火山碎屑岩沉积建造。奥陶纪海相火山喷发-沉积活动形成多宝山组，岩性以安山岩和英安岩为主，呈悬垂体状、捕虏体状及层状分布，是铜(钼)矿体的主要赋存层位。断裂构造以北西向为主，主矿体受北西向断裂构造控制。区内以加里东期、印支期—燕山期岩浆活动表现最为强烈，形成规模不等的侵入岩体及岩脉。加里东期侵入岩主要有辉长岩、花岗闪长岩、花岗闪长斑岩；印支期—燕山期侵入岩主要有石英闪长岩、英云闪长岩和更长花岗岩。脉岩有闪长玢岩、闪长岩、石英闪长岩、闪斜煌斑岩、云斜煌斑岩等。铜钼矿体主要赋存于加里东期(奥陶纪)花岗闪长岩体及与多宝山组的接触带内，绢英岩化花岗闪长岩、多宝山组安山岩是矿体主要围岩。

多宝山铜(钼)矿床由4个矿带、215条矿体组成，铜金属资源储量达315.05×10^4t，平均品位0.47%；钼金属资源储量达7.99×10^4t，平均品位0.016%；伴生金资源储量73.4t，平均品位0.144×10^{-6}。矿体多呈透镜体状或条带状，少数呈似板状、扁豆状，走向210°～340°，倾向南西，倾角65°～80°；矿体厚度几米至数百米，沿倾向最大延深1 400m。

矿石主要金属矿物有黄铜矿、黄铁矿、斑铜矿和辉钼矿，次要矿物有赤铜矿、磁黄铁矿、闪锌矿、方铅矿、辉铜矿、蓝辉铜矿以及磁铁矿等。非金属矿物以石英、绢云母、绿泥石与碳酸盐矿物为主，其次为黑云母、钾长石、斜长石、绿帘石等。矿石以浸染状铜钼矿石为主，次为浸染状钼铜矿石。

矿石具有呈半自形—他形粒状结构、交代残余结构、斑状变晶结构及压碎结构。矿石构造以浸染状、细脉状及细脉浸染状构造为主，其次为块状、条带状及角砾状构造。

围岩蚀变强烈，矿区岩石均遭受不同程度的蚀变作用。在空间上，蚀变类型具有典型的环带状分布特征，以花岗闪长斑岩为中心，由内到外蚀变作用分为硅化-钾化带、绢英岩化带、青磐岩化带。硅化-钾化带的蚀变矿物主要为石英、黑云母及钾长石，是主要的近矿围岩蚀变；绢英岩化带的主要蚀变矿物有石英、绢云母等；青磐岩化带主要由绿泥石、绿帘石和方解石等蚀变矿物组成。

矿床成因类型为斑岩型。

紫金矿业集团目前已完成多宝山矿床二期的开采规划，预计2020年正式生产。

多宝山铜（钼）矿床采场

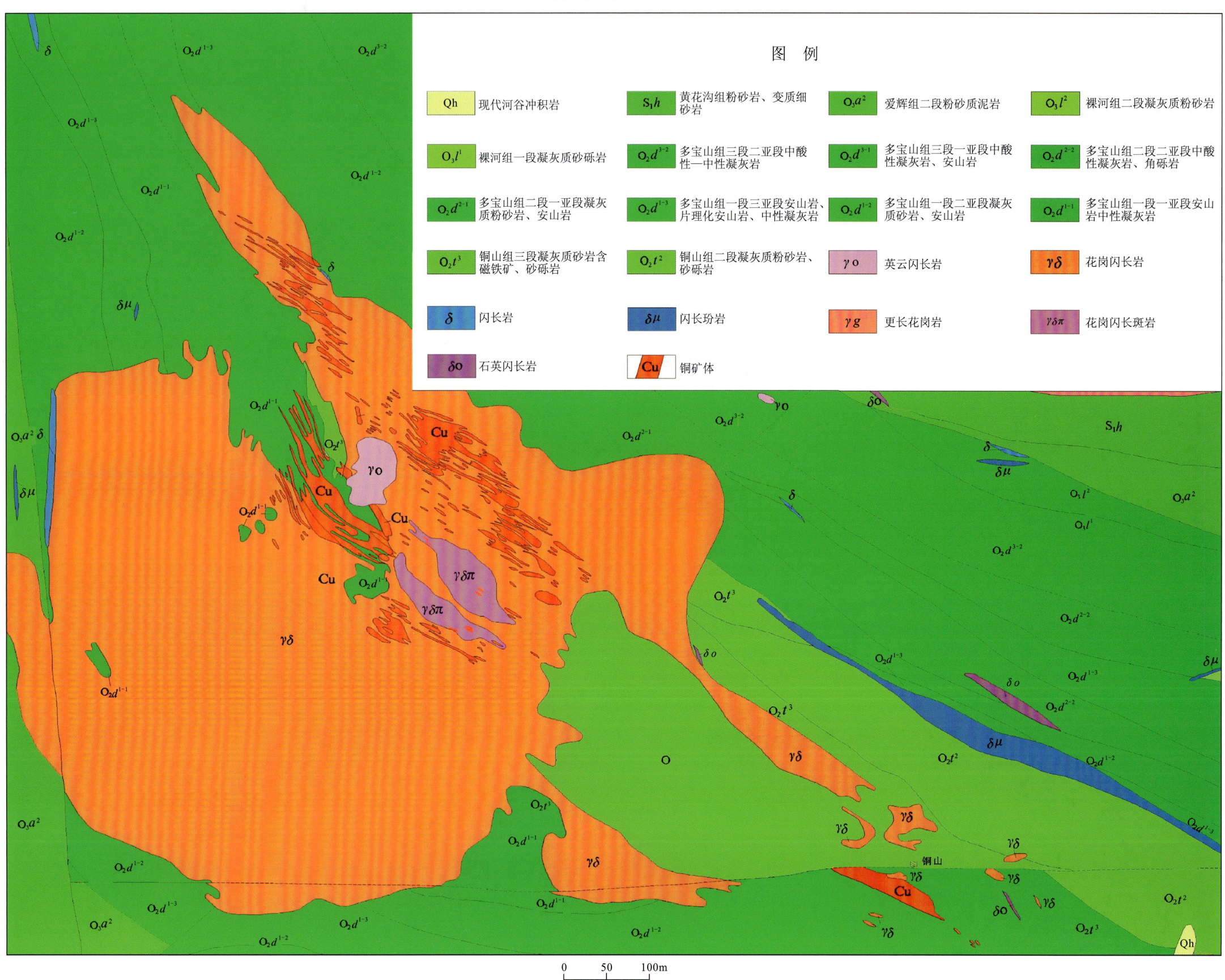
多宝山铜(钼)矿床矿区地质图

多宝山铜(钼)矿床307勘探线剖面图

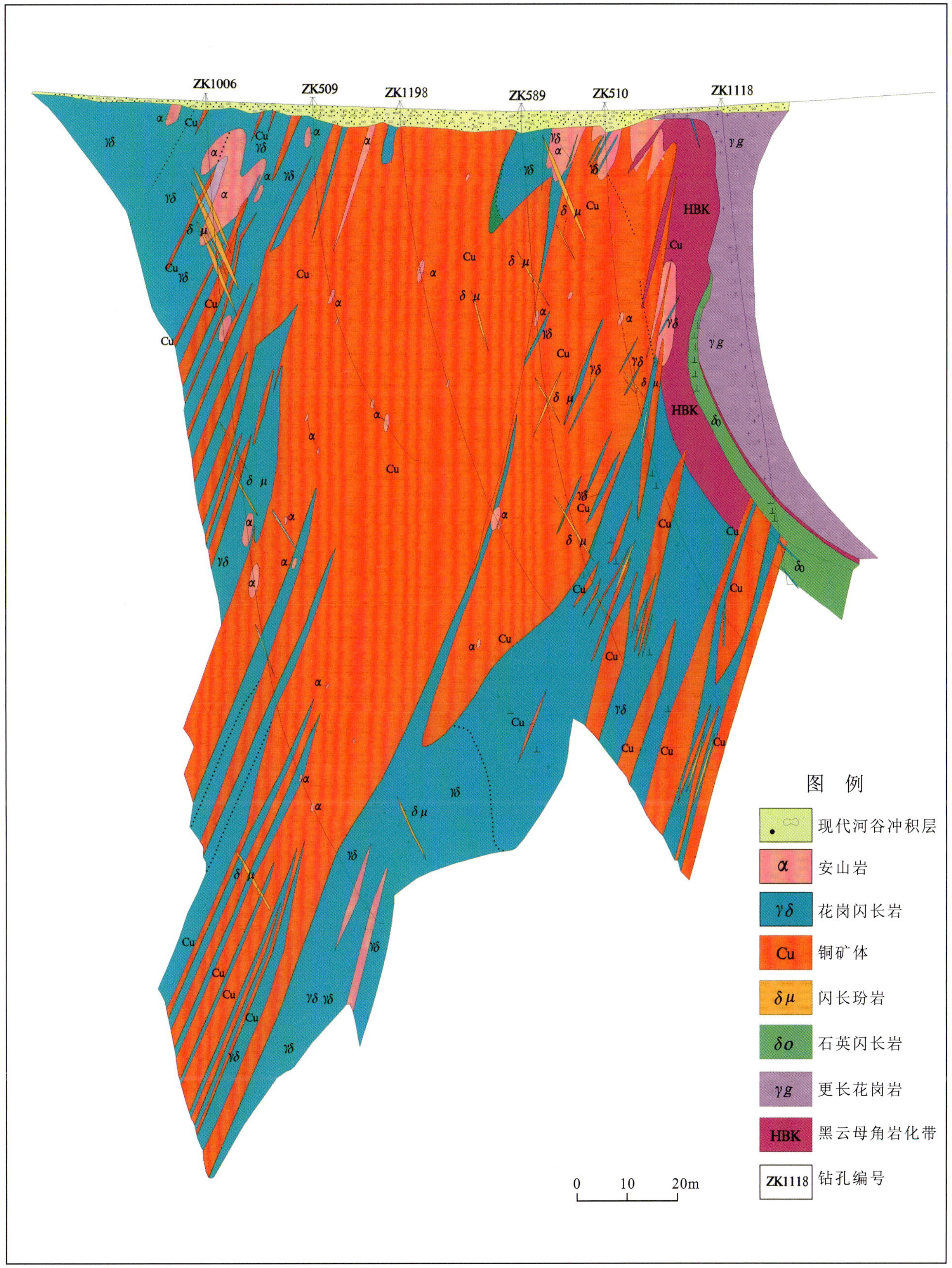

图 例

现代河谷冲积层	
α 安山岩	
γδ 花岗闪长岩	
Cu 铜矿体	
δμ 闪长玢岩	
δο 石英闪长岩	
γg 更长花岗岩	
HBK 黑云母角岩化带	
ZK1118 钻孔编号	

多宝山铜(钼)矿370勘探线矿体剖面图(二期利用)

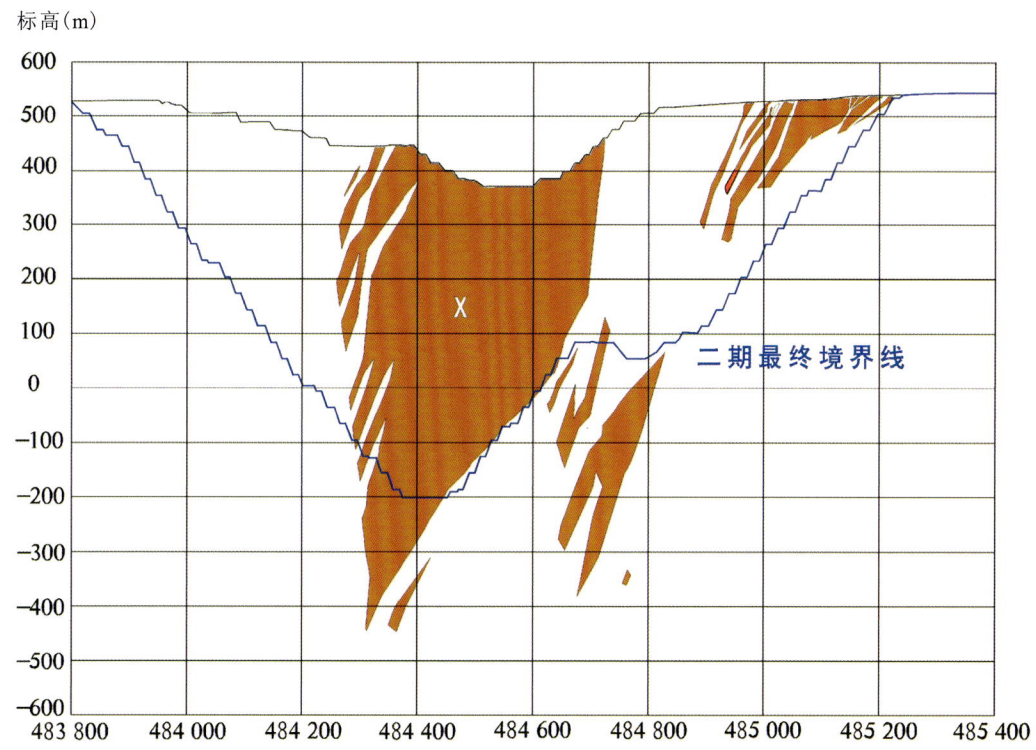

多宝山铜(钼)矿Ⅰ号矿带矿体纵剖面图(二期利用)

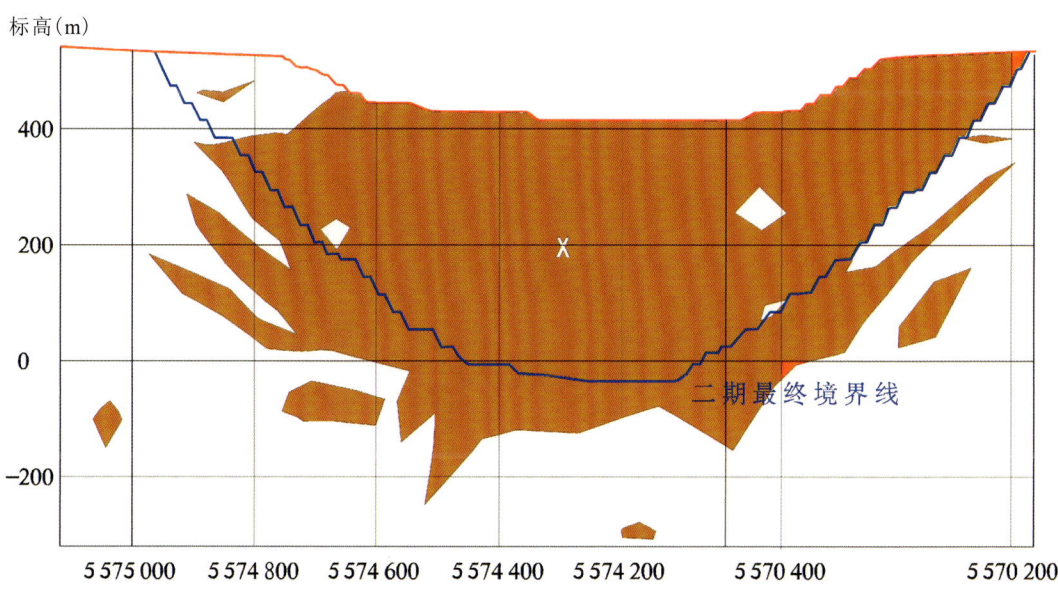

多宝山矿区资源开采总体规划图

紫金矿业正在实施多宝山矿床采矿二期扩建工程,预计总投资48.43亿元。前期为露天开采,采用"全汽车运输"陡帮开采工艺,时间为3~4年;后期转为地下开采,采用"汽车+半固定破碎站+胶带斜井"开拓运输系统,设计开采规模为10 000t/d。采矿最终境界露天采场上口长1 940m、宽1 700m,开采标高-200~+563m,深度763m,封闭圈标高+490m。建成投产后采矿规模将达到70 000t/d,选矿规模将达到80 000t/d(预留10 000t/d用于铜山铜矿开发)。矿山服务年限达23年,达产后预计年营业收入38.91亿元,年缴税费约8亿元。

多宝山铜(钼)矿山环境治理效果图

铜山铜矿床

铜山铜矿床位于黑龙江省嫩江县多宝山镇，在多宝山铜（钼）矿床、争光金矿床之间，与三矿沟铜（铁）矿床、多宝山铜（钼）矿床、争光金矿床构成著名的多宝山铜钼金成矿带。

矿区内出露地层为铜山组和多宝山组，中奥陶世花岗闪长岩体发育。侵入岩体走向为北西向，深部南西向倾伏。中奥陶世花岗闪长岩体被后期产状陡立的北东向展布的英云闪长岩、花岗闪长岩（脉）侵入。

矿床共圈定Ⅰ～Ⅳ号共4条铜矿体，矿体赋存标高在-900～530m之间，走向280°～310°，倾向南西，倾角40°～80°。

Ⅰ号矿体走向延长1 400m，厚度71m，倾向延深240m，倾向218°，倾角75°；Ⅱ号矿体走向延长2 000m，最大厚度116m，倾向延深594m，倾向210°，倾角60°；Ⅲ号矿体走向延长114m，厚度15m，倾向延深大于800m，倾向180°，倾角80°；Ⅳ号矿体走向延长225m，厚度9m，倾向延深144m，倾向180°，倾角79°。

成矿作用分为3期：早期主要矿物组合为石英、钾长石、黑云母、磁铁矿、黄铜矿、斑铜矿和微量的黄铁矿等，金属硫化物和氧化物主要呈浸染状分布，伴随钾长石化、硅化、黑云母化；中期形成大量石英、绢云母、白云母、绿帘石、大量黄铜矿、斑铜矿、黄铁矿及少量方铅矿和闪锌矿等，是铜矿化的主要阶段，硫化物多呈细脉浸染状和浸染状产出，主要蚀变类型为黄铁绢英岩化；晚期主要发育石英-碳酸盐脉，主要矿物为石英、方解石和黄铁矿等。

围岩蚀变发育，自南西向北东依次发育钾化-硅化、硅化-绢云母化、青磐岩化3个蚀变带。钾化-硅化蚀变带发育于紧邻矿体的南西侧，蚀变带呈不对称分布，向南西呈开放状态；硅化-绢云母化带则主要发育于矿体两侧数百米范围内，与黄铜矿化关系密切；青磐岩化带主要发育于远离矿体或侵入接触带的围岩和岩体内，矿物组合为绿泥石、绿帘石、绢云母、钠长石、黄铁矿、方解石。

矿石中金属矿物、非金属矿物组合与多宝山铜（钼）矿床相似，金属矿物以黄铜矿为主。黄铜矿呈他形粒状、浸染状或细脉状，与之共生的金属矿物有黄铁矿、闪锌矿、方铅矿、黝铜矿、砷黝铜矿、辉钼矿、辉铜矿、磁铁矿、斑铜矿等。

矿石具有半自形—他形粒状结构、斑状结构、交代残余结构、固溶体分离结构与重结晶结构等，浸染状—细脉浸染状构造。

估算铜储量（331+332+333类）90.58×10⁴t，平均品位0.48%；钼储量（331+332+333类）4.29×10⁴t，平均品位0.023%。

矿床成因类型为斑岩型。

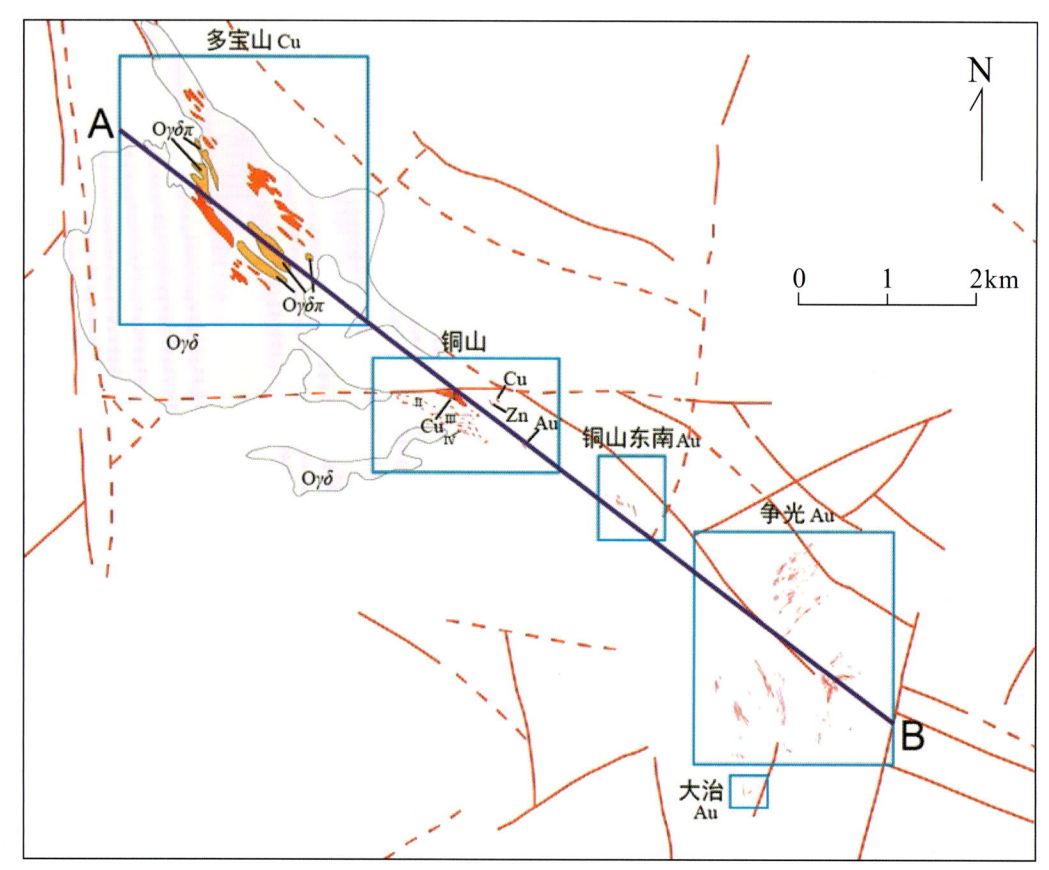

多宝山矿集区矿床分布示意图

铜山铜矿床地表采空区

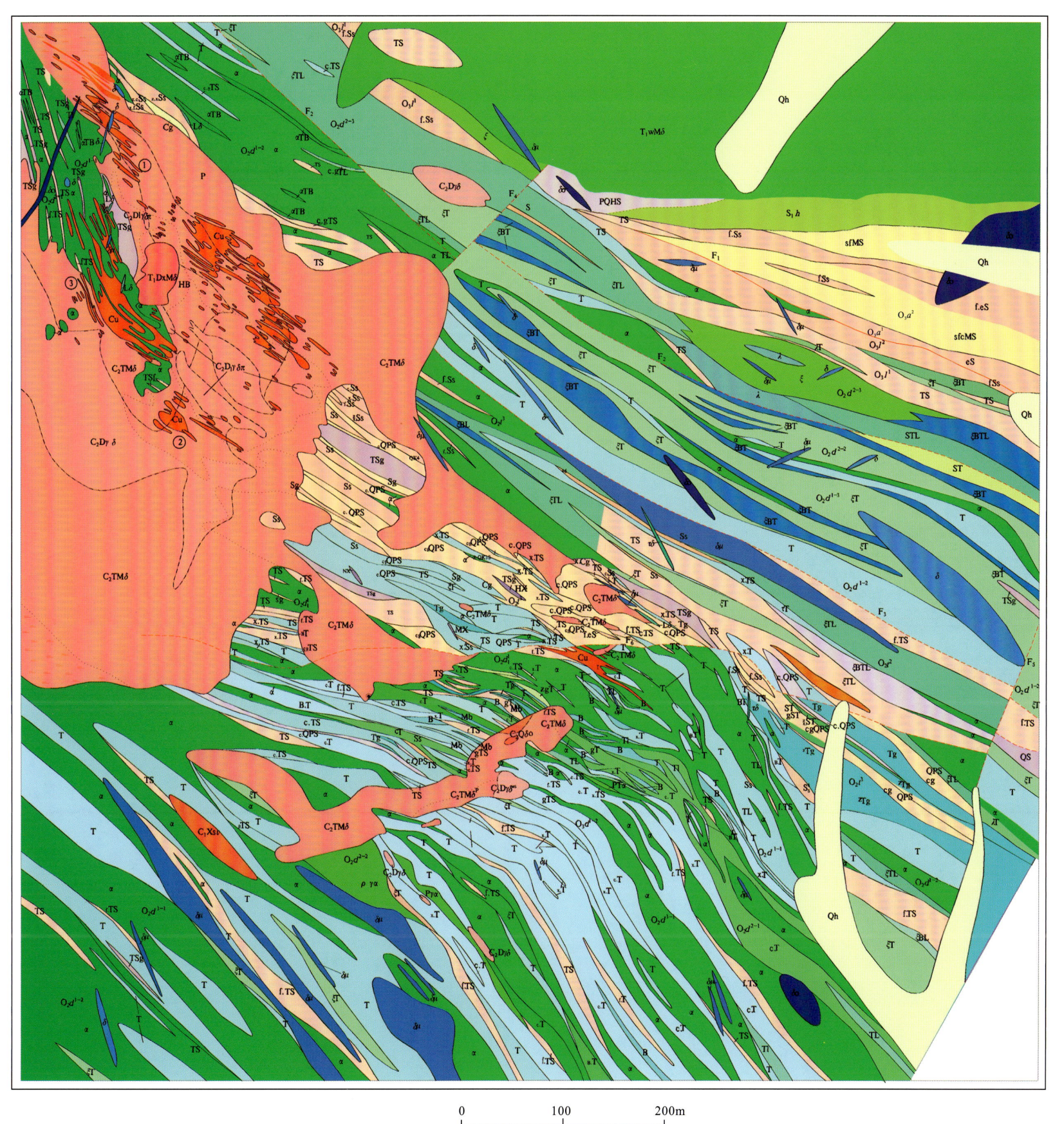

铜山铜矿床矿区地质图

铜山铜矿床矿体不同中段分布图

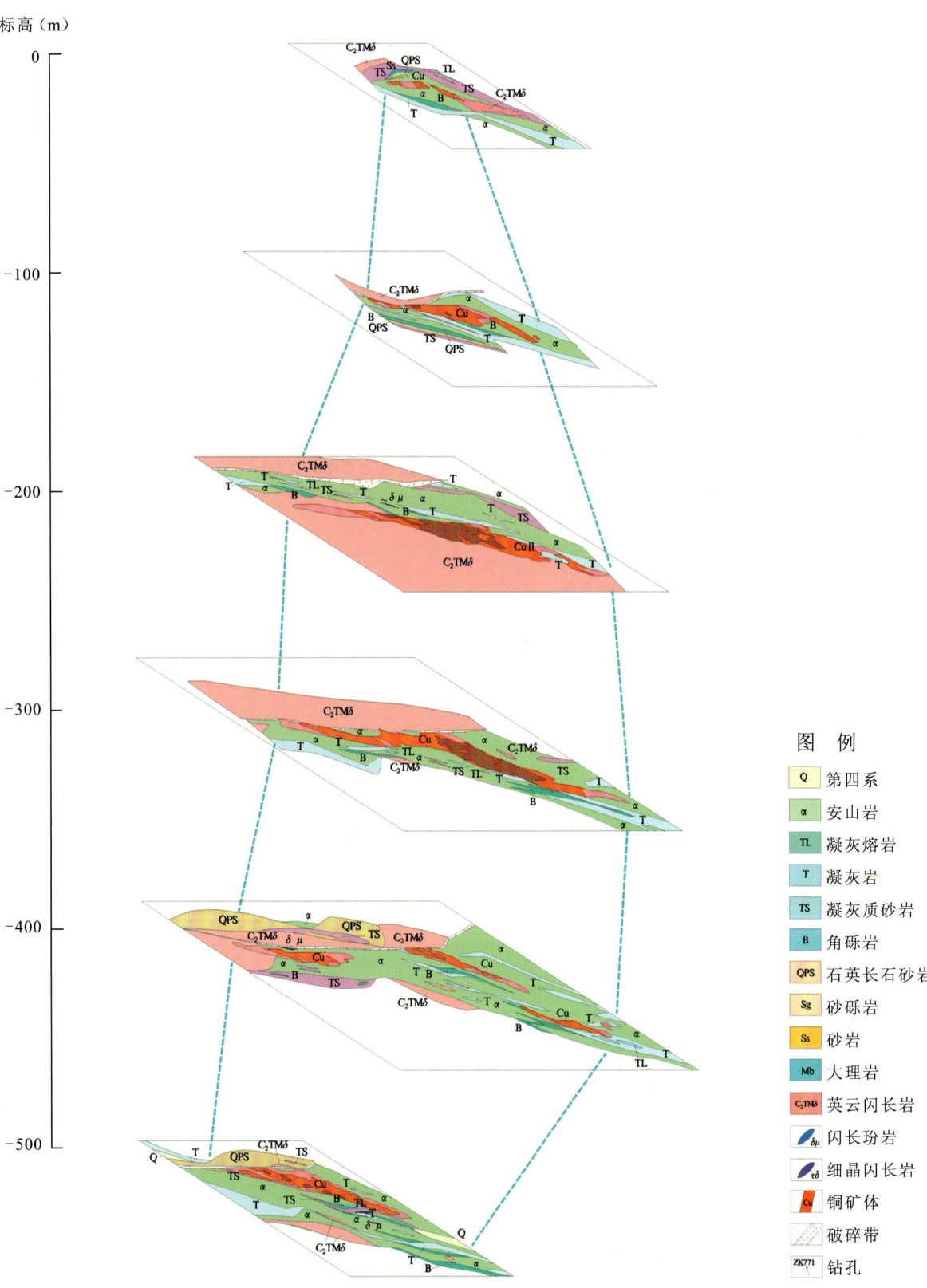

铜山铜矿床1096勘探线剖面图

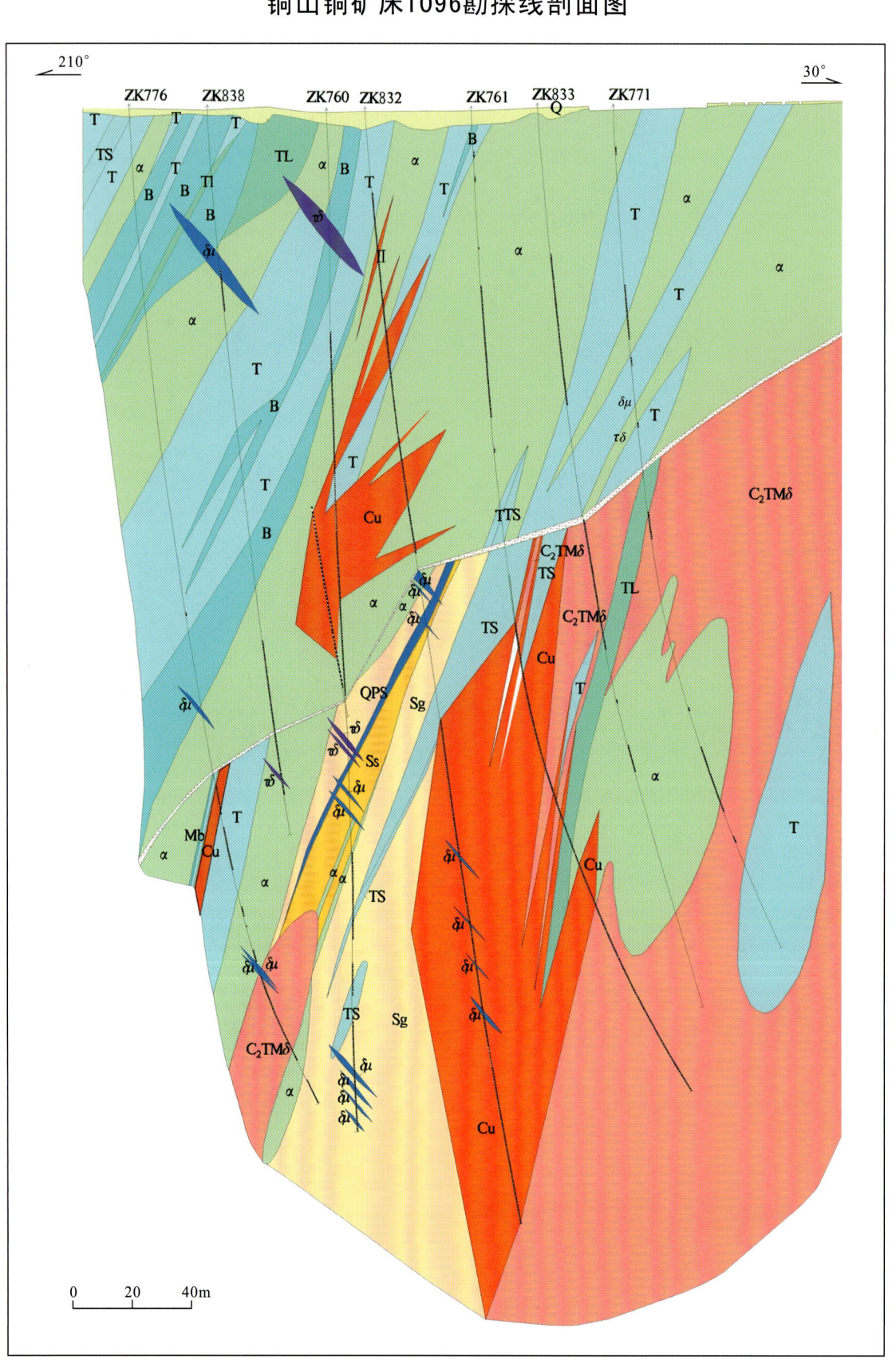

争光金矿床

争光金矿床位于铜山铜矿床东南约5km处，与铜山铜矿床、多宝山铜（钼）矿床、三矿沟铜（铁）矿床构成北西向成矿带。

矿区出露地层主要是中奥陶统铜山组三段和多宝山组一段、二段、三段，零星出露上奥陶统爱辉组、下志留统黄花沟组以及第四系全新统。铜山组分布于矿区北部，岩性主要是石英粗砂岩、长石石英砂岩、凝灰质粉砂岩；多宝山组广泛分布，岩性主要为安山质凝灰岩、含砾安山质凝灰岩、安山岩、英安质凝灰岩，是金矿体的主要赋存层位。

矿区内岩浆侵入活动集中在燕山期，形成花岗闪长岩体、次安山岩体及闪长岩、闪长玢岩等岩脉，侵入于多宝山组二段、三段火山岩。岩浆侵入活动受北西向压扭性断裂带、北东向张扭性断裂交会部位控制，闪长岩、闪长玢岩与金矿成矿有密切关系。

区域上北西向、北东向断裂构造发育，分别构成北西向断裂构造带、北东向断裂构造带，构造（带）交会部位是岩浆活动通道及侵入岩体的就位空间。争光金矿床位于三矿沟-多宝山-裸河北西向深断裂带东南段，北西向、北东向断裂构造交会处。在侵入岩体的内外接触带发育近环状、放射状的次一级压扭-张性断裂构造，这些次一级断裂构造为金矿成矿热液流体运移提供通道，并为金矿体就位提供了有利空间。

矿区自北西向南东划分为Ⅰ号、Ⅱ号、Ⅲ号3个金矿带。Ⅰ号矿带共圈定37条金矿体，矿体规模相对较小，长度15～382m，厚度0.56～6.58m，走向40°～52°，倾角40°～50°；Ⅱ号矿带由130条金矿体组成，矿体长度50～547m，倾向延深50～370m，厚度0.25～14.48m；Ⅲ号矿带圈定1条矿体，长度75m，厚度约7.05m，走向117°，倾角60°。

矿化蚀变分带

矿石金属矿物主要有黄铁矿、黄铜矿、方铅矿、闪锌矿、褐铁矿，其次有辉铜矿、黝铜矿、赤铁矿，少量毒砂、自然金、辉银矿、银金矿、自然银、斑铜矿等；非金属矿物主要是石英、斜长石、角闪石和黑云母，其次有绢云母、绿泥石、绿帘石和方解石。

围岩蚀变类型主要有硅化、黄铁矿（褐铁矿）化、绢云母化、绿帘石化、绿泥石化、钾长石化和碳酸盐化，其中硅化、钾长石化、黄铁矿化与金成矿关系密切。

矿区成矿作用划分为5个阶段：第一阶段为闪长岩体边部发育的青磐岩化阶段，为面积性蚀变；第二阶段为脉状细粒黄铁绢英岩化阶段，伴随金矿化、闪锌矿化、方铅矿化；第三阶段为石英-多金属硫化物阶段，形成细脉—网脉状石英脉，主要矿物有黄铁矿、闪锌矿、方铅矿、黄铜矿，是金矿化的主要阶段；第四阶段为石英-碳酸盐-少硫化物阶段，发育细脉状-网脉状石英-碳酸盐脉，伴随金矿化，主要矿物为黄铁矿、黄铜矿、闪锌矿、方铅矿；第五阶段为碳酸盐化阶段，形成碳酸盐脉，无金矿化。

争光金矿床探明金金属量22.35t，伴生银金属量54.49t，锌金属量$3.24×10^4$t，铅金属量$5.58×10^4$t。目前勘探工作仍在进行中，金资源储量有望进一步提高。

矿床成因类型属于次火山热液型（也有学者认为属于岩浆期后热液型）。

破碎石英脉及蚀变岩（金矿体）

争光金矿床区地质图

争光金矿床49275勘探线剖面图

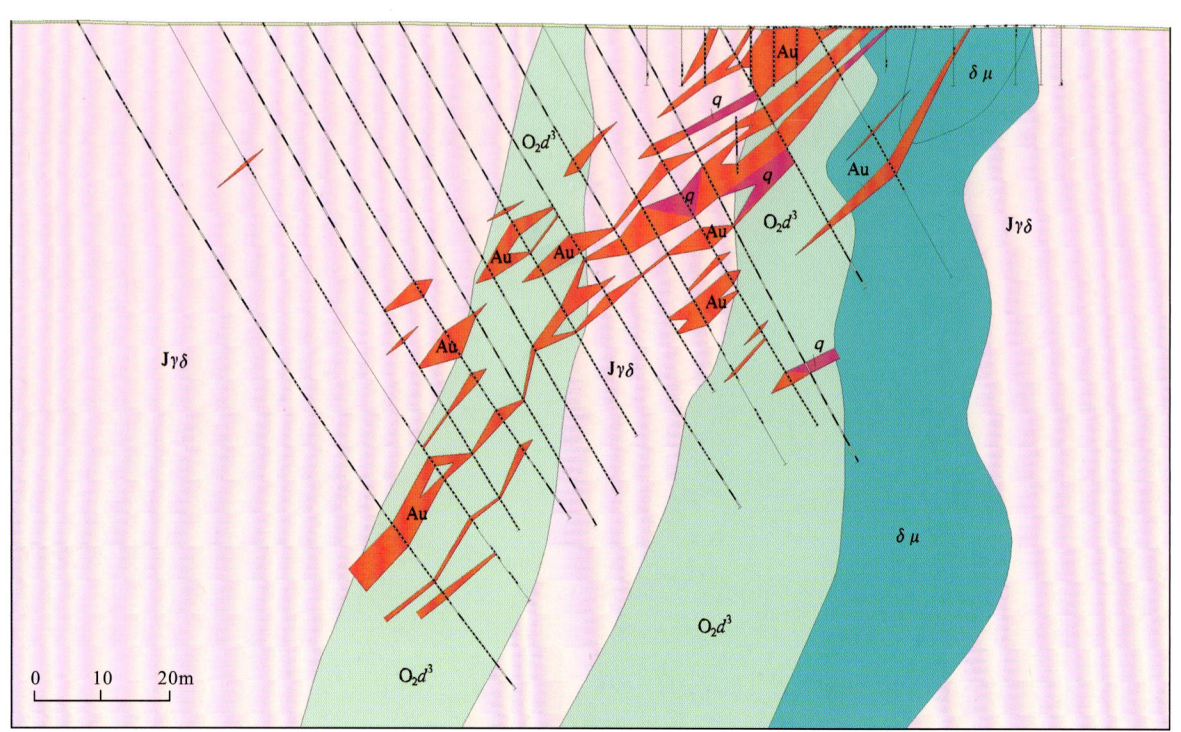

争光金矿床49075勘探线剖面图

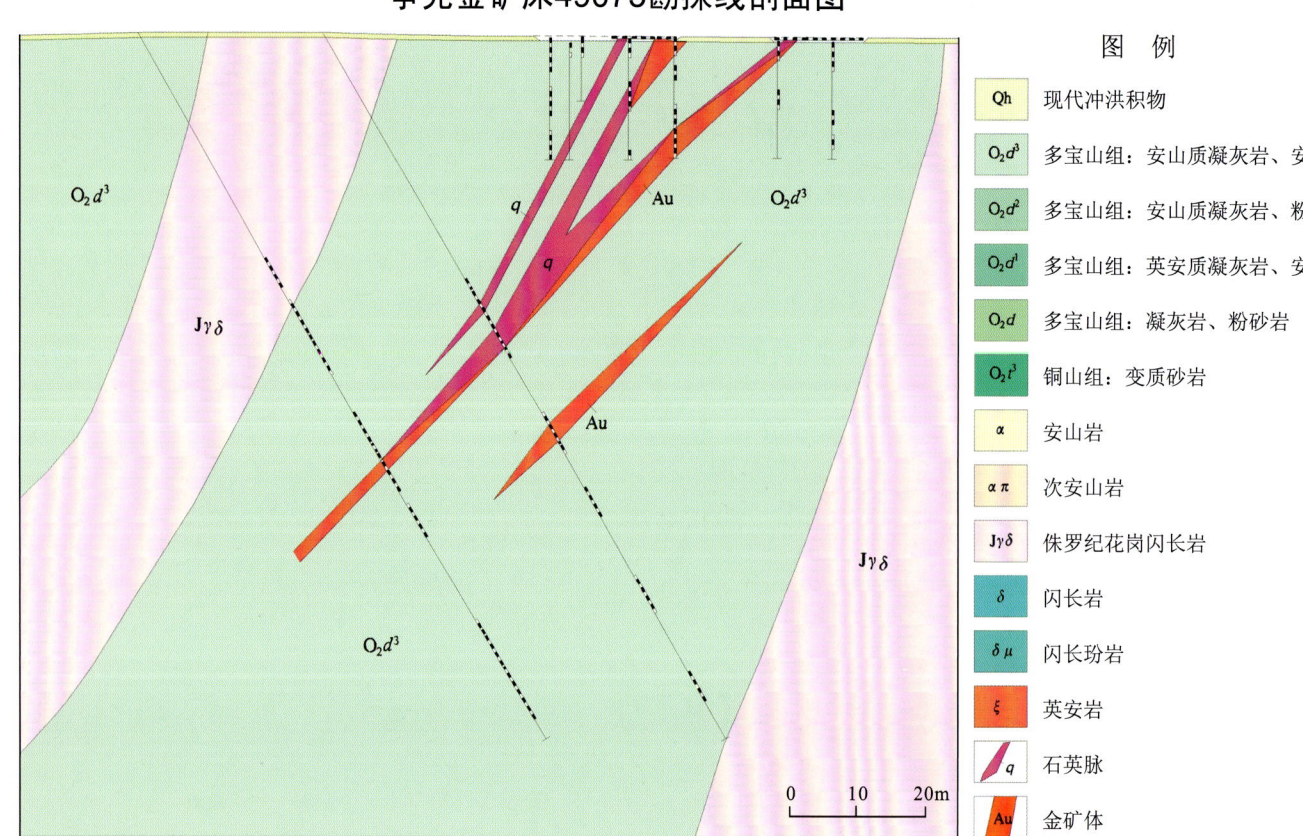

图例

Qh	现代冲洪积物
O_2d^3	多宝山组：安山质凝灰岩、安山岩
O_2d^2	多宝山组：安山质凝灰岩、粉砂岩
O_2d^1	多宝山组：英安质凝灰岩、安山岩
O_2d	多宝山组：凝灰岩、粉砂岩
O_2t^3	铜山组：变质砂岩
α	安山岩
απ	次安山岩
Jγδ	侏罗纪花岗闪长岩
δ	闪长岩
δμ	闪长玢岩
ξ	英安岩
q	石英脉
Au	金矿体

三矿沟铜(铁)矿床

矿床位于黑龙江省嫩江县多宝山镇,南东距多宝山大型铜(钼)矿床约20km,地理坐标:北纬 50°25′00″,东经 125°39′00″。

矿区出露上奥陶统裸河组、爱辉组海相火山-沉积岩变质岩系,主体岩性为中性、中酸性、酸性火山岩,夹海相碳酸盐岩、凝灰质砂岩;在矿区西北部,构成北东向向斜构造,东南部构成北西向背斜构造。侏罗纪—白垩纪岩浆侵入活动强烈,形成规模较大的岩基状花岗闪长岩体及岩株状碱长花岗岩体。花岗闪长岩侵入早—中奥陶世海相火山-沉积岩系,呈马蹄形出露地表;碱长花岗岩体侵入花岗闪长岩体及早—中奥陶世变质岩系。在花岗闪长岩与早—中奥陶世大理岩接触地段,形成矽卡岩(带),构成铜铁矿体的主体围岩。

矿床由Ⅰ号、Ⅱ号、Ⅲ号3条矿带组成,矿带分布在早—中奥陶世变质岩系构成的紧密背、向斜褶皱轴部及其两侧岩体与大理岩接触部位。在平面和剖面上,铜铁矿体均呈"U"字形或倒"U"字形。矿体形态复杂,多呈透镜体状、不规则状、扁豆状或鸡窝状;单个矿体两端产状近直立,中部产状近水平。金属矿化具有分带性,自围岩至岩体依次为铁矿化、铜矿化、钼矿化。

Ⅰ号矿带位于矿区南部,矿带长约1 400m,宽约180m,走向为130°~140°。矿带内共圈定60多条铜铁矿体,矿体的赋存标高在200~350m之间。铜铁矿体主要赋存在钙铁榴石矽卡岩带内,规模较小,呈透镜体状、似层状,矿体走向以北西向为主;矿体产状随地层产状的改变而变化,倾向南西或北东,倾角在15°~85°之间。矿体厚度、矿石品位变化与矿体在走向、倾向上的变化存在一定的相关性,一般情况下在矿体产状由陡变缓时,矿体厚度变大,矿石铜品位也相对变富。

Ⅱ号矿带位于矿区中部,矿带长约1 250m,延深约50~230m,东南段走向为130°~140°,北段走向急转变为近南北向。矿带内共圈定16条铜铁矿体,均产在外接触带钙铁榴石矽卡岩中;铜铁主矿体呈"U"字形及似层状产出,走向长约365m,矿体厚度变化大,最宽厚度达到50m,铜平均品位15%。其他铜钼矿体均呈小扁豆体状,长度不超过50m,厚度在0.7~3.54m之间,延深20~50m,矿体产状103°∠35°~86°。

Ⅲ号矿带位于矿区北部,走向北西向。矿带总体呈短轴状,长轴、短轴长度分别为180m、100m,延深约70m,圈定铜铁矿体2条。矿带内主矿体呈盆状,矿体长约145m,最大厚度56.1m。

矿石中金属矿物含量一般小于5%,由金属硫化物、金属氧化物组成。主要硫化物矿物有黄铜矿、斑铜矿、辉钼矿及银金矿,次要矿物有闪锌矿、辉铜矿、黄铁矿。主要氧化物矿物为磁铁矿、镜铁矿、孔雀石、蓝铜矿。脉石矿物主要是石榴石、方解石、石英,次为绿帘石、绿泥石、透辉石、透闪石等。

铜铁矿石以他形粒状结构、半自形粒状结构等为主,次为片状结构、针状结构、固溶体分离结构等。矿石构造以浸染状构造、块状构造为主,次为胶状构造、气孔状构造、放射状构造等。

矿床成因类型为接触交代型。

氧化铜矿石

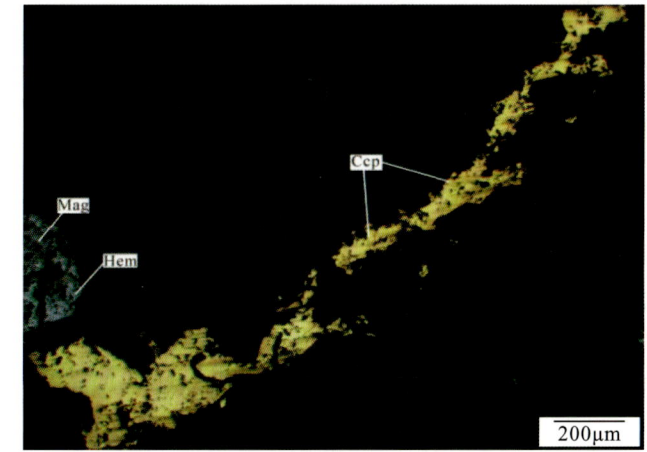

脉状黄铜矿

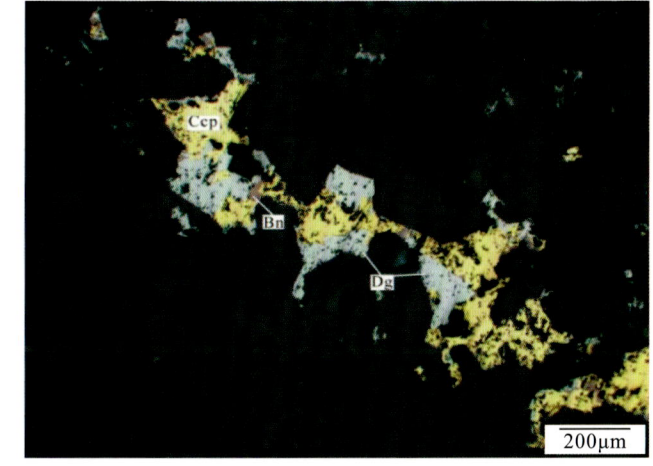

蓝辉铜矿交代黄铜矿

Mag.磁铁矿;Ccp.黄铜矿;Hem.赤铁矿;
Bn.斑铜矿;Dg.蓝辉铜矿

三矿沟铜(铁)矿床矿区地质图

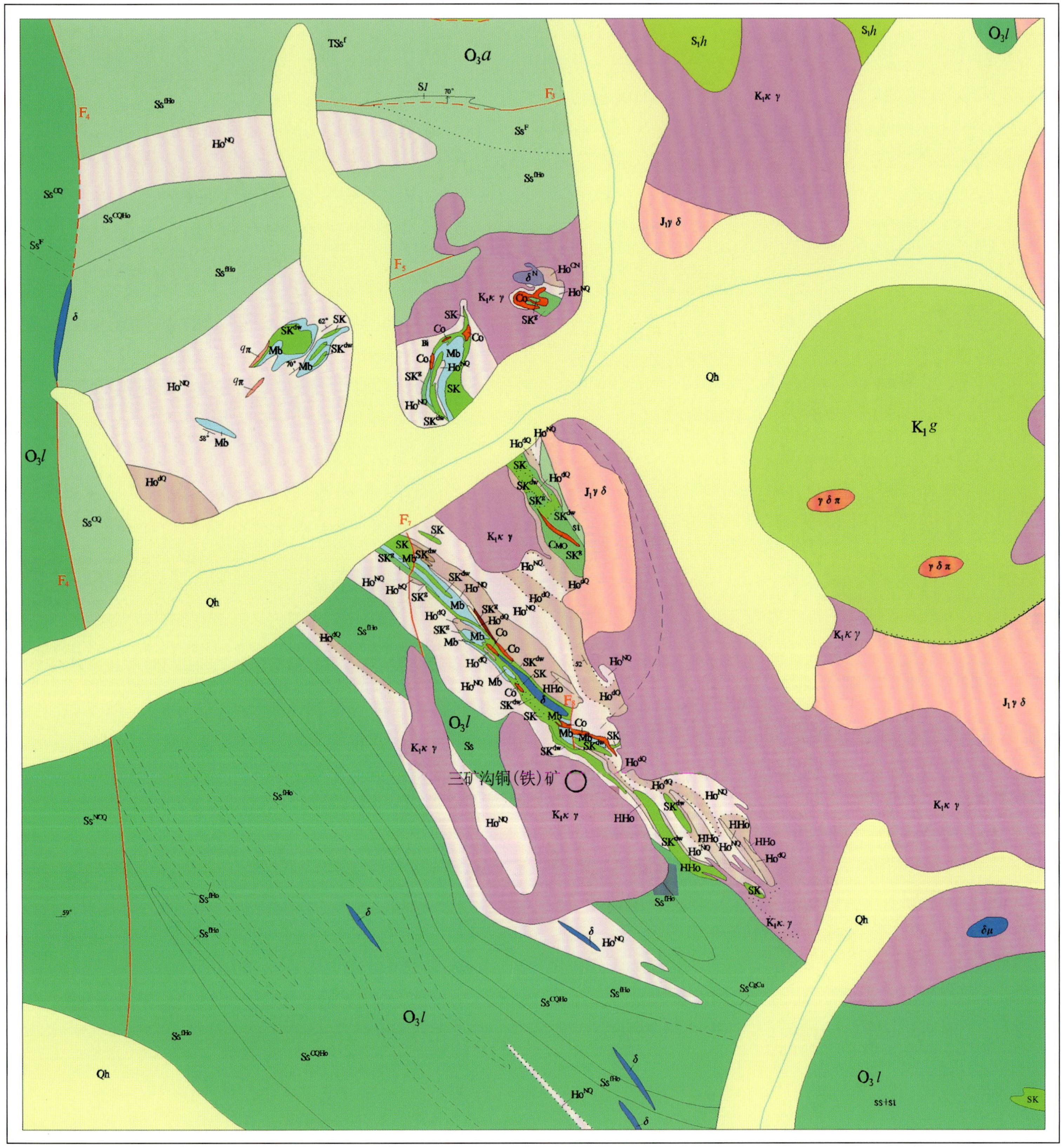

图 例

- Qh 第四系：冲积、坡积物
- K_1g 光华组：英安岩、英安质含角砾凝灰熔岩
- S_1h 黄花沟组：砂岩、粉砂岩、大理岩
- O_3a 爱辉组：粉砂岩、硅质页岩、大理岩
- O_3l 裸河组：砂岩、粉砂岩、英安岩、安山岩
- $K_1\kappa\gamma$ 早白垩世中粒钾长花岗岩
- $K_1\delta$ 早白垩世闪长岩
- $J_1\gamma\delta$ 早侏罗世花岗闪长岩
- $\gamma\delta\pi$ 花岗闪长斑岩脉
- $\delta\mu$ 闪长玢岩脉
- Ho 角岩
- SK 致密状石榴石矽卡岩
- Mb 大理岩
- $q\pi$ 石英斑岩
- δ^N 蚀变闪长岩
- Co 氧化铜矿体
- CMO 氧化铜矿带
- TSs^f 凝灰粉砂岩
- $\xi\pi$ 石英正长斑岩
- ζ 英安岩
- α 安山岩
- αT 安山凝灰岩
- $\alpha\mu$ 安山玢岩
- Ts^g 凝灰砂栎岩
- sas 硅质页岩
- Sl 板岩
- Ss^F 粉砂岩
- Ss 砂岩
- Ss^{Cu} 粗砂岩
- Ss^{CgCu} 含砾粗砂岩
- Ss^{NCQ} 云母长石石英砂岩
- Ss^{CQ} 长石石英砂岩
- C_g^S 砂砾岩
- C_g^{Si} 含酸性熔岩砾石
- 隐爆角砾岩带
- 地质体及岩性界线
- 不整合界线
- 实测/推测断层
- 40° 地质产状

0 200 400m

三矿沟铜（铁）矿床68勘探线剖面图

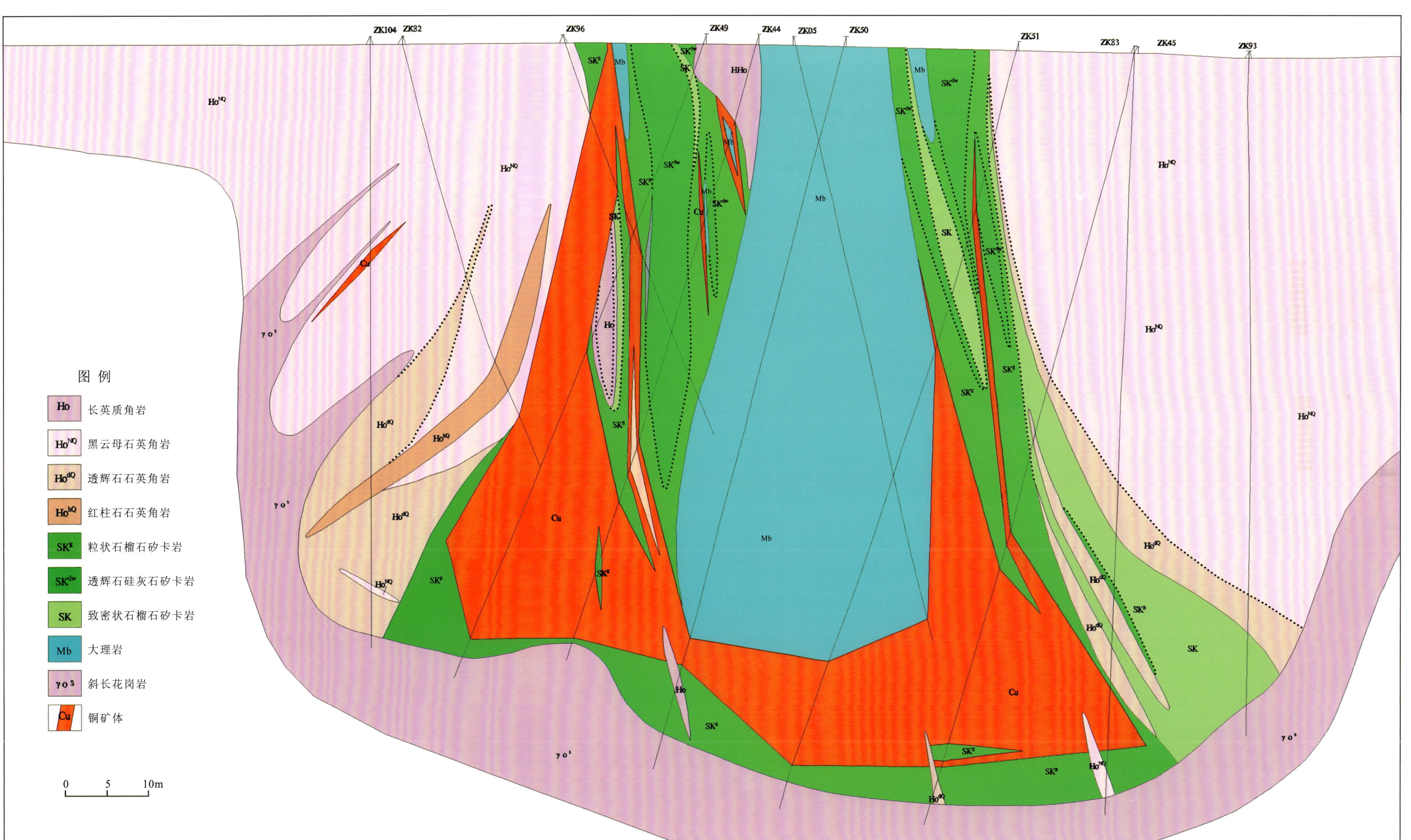

三道湾子金矿床

矿床位于黑龙江省黑河市爱辉区上马场乡三道湾子村西部，距三道湾子村7km，地理坐标：北纬50°21′00″—50°21′30″，东经126°59′30″—127°00′00″。

矿区出露地层主要有中生界下白垩统龙江组粗安岩、粗安质火山碎屑岩，光华组流纹岩、流纹质火山碎屑岩。侵入岩主要有晚三叠世石英闪长岩、二长花岗岩，早白垩世闪长玢岩、辉绿玢岩脉等。矿区发育北西向、北北西向、近南北向3组断裂构造，其中的北西向断裂构造呈雁行状展布，是张性断裂构造（组）。金矿化带及金矿体受北西向断裂构造控制。北北西向断裂构造、近南北向断裂构造为成矿后构造，对金矿体有一定的破坏、改造作用。

矿区共圈定3条含金石英脉（带），其中Ⅰ号、Ⅲ号含金石英脉（带）规模大，构成矿床的主体。矿区共圈定金矿体40条，其中21条矿体为盲矿体。

Ⅰ号含金石英脉（带）长510m，平均宽4.5m，最宽处12m，最窄处不足1m，脉带内共圈出7条矿体。在走向上，含金石英脉呈反"S"形，呈脉状、透镜体状，具有明显的膨大、狭缩、尖灭现象。金矿化变化较大，不同勘探线的金矿体品位、厚度、延深和产状均不同。金矿体规模大小不一，长40～320m，厚1～12m，延深大于200m，总体呈北西-南东走向，倾向北东或北西，北西向侧伏。矿石品位变化较大，最富矿段金品位达$n \times 10\,000 \times 10^{-6}$。主矿体西段厚度大，深部延深大，而东段矿体厚度小，深部延深小。

金矿石类型以石英脉型为主，次为蚀变安山岩、硅化（隐爆）角砾岩型。

石英脉型金矿体中心部位为块状石英脉，边部为石英网脉。金矿石组成成分为富硅、贫硫型，硫化物含量一般在5%以下。矿石矿物以碲化物为主，主要有碲金矿、斜方碲金矿、针碲金银矿、碲金银矿、碲银矿、碲铅矿等，含少量的黄铜矿、闪锌矿、黄铁矿等。碲化物均呈他形粒状，颗粒粒径为0.1～3.5mm。脉石矿物主要为石英、玉髓状石英，少量绢云母。硅化（隐爆）角砾岩型金矿石的角砾成分主要为蚀变安山岩、粗安岩，胶结物为含硫化物-碲化物的隐晶质石英。

矿石具有自形粒状、半自形—他形粒状结构、交代结构、碎裂结构及包含结构，致密块状、浸染状、脉状、网脉状、梳状、角砾状构造。

围岩蚀变范围较小，围绕石英脉两侧呈带状不对称分布。以矿化石英脉为中心，两侧的围岩蚀变依次为硅化→绢云母化→碳酸盐化→绿泥石化和绿帘石化。蚀变作用具有多期次特征，由于多期次蚀变作用的叠加，致使不同类型蚀变的界线模糊不清。围岩蚀变类型主要为硅化、绢云母化、绿泥石化、绿帘石化和碳酸盐化、高岭土化，其中硅化与金矿化关系密切。

矿床成因类型为次火山热液型。

含金石英脉

含金破碎蚀变带

蚀变岩型金矿石

三道湾子金矿床矿区地质图

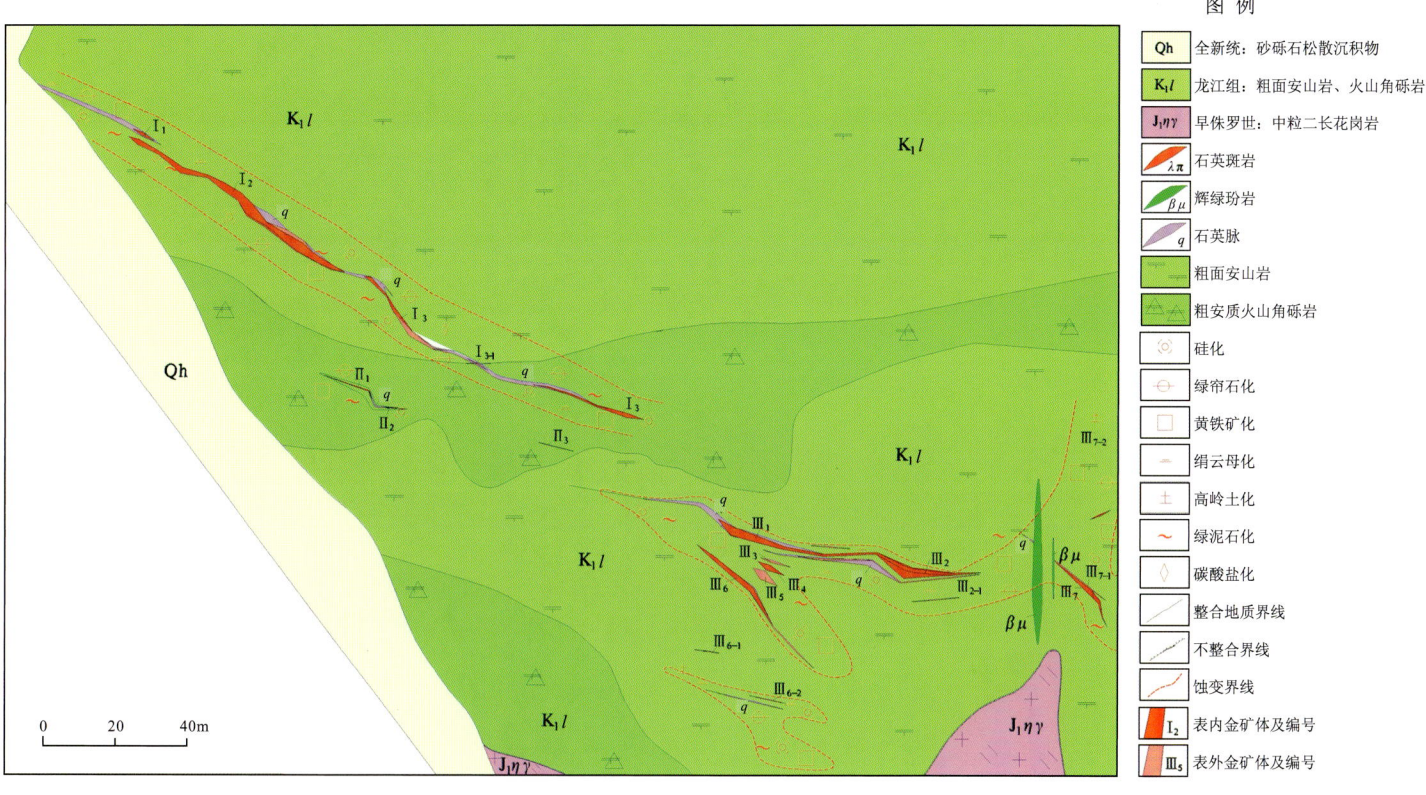

三道湾子金矿床239勘探线剖面图

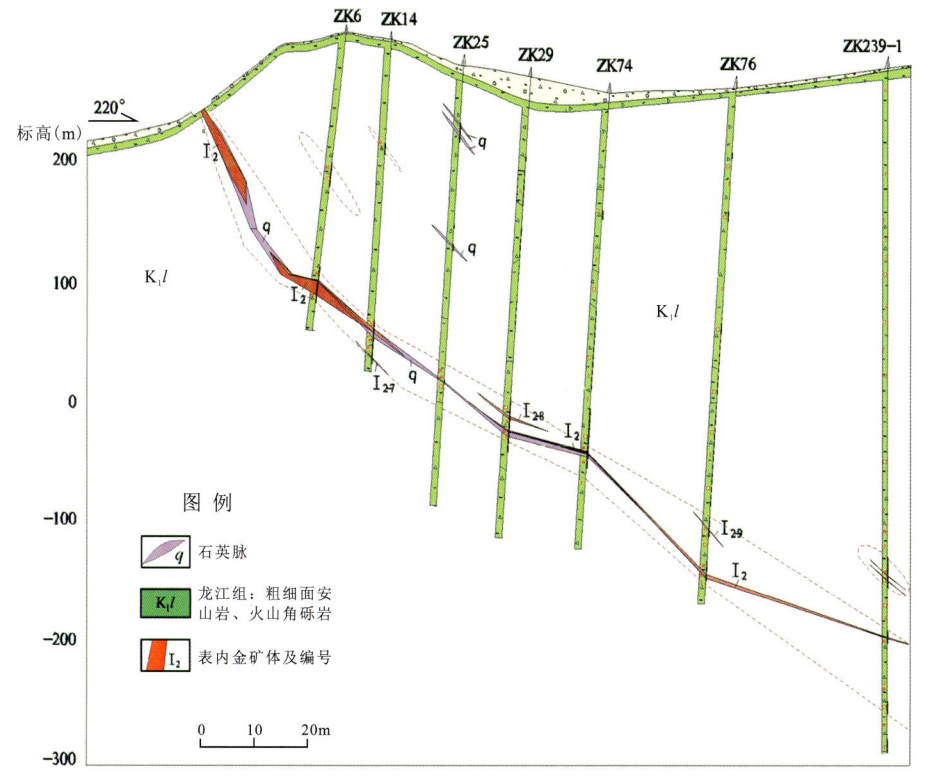

三道湾子金矿区蚀变分带图

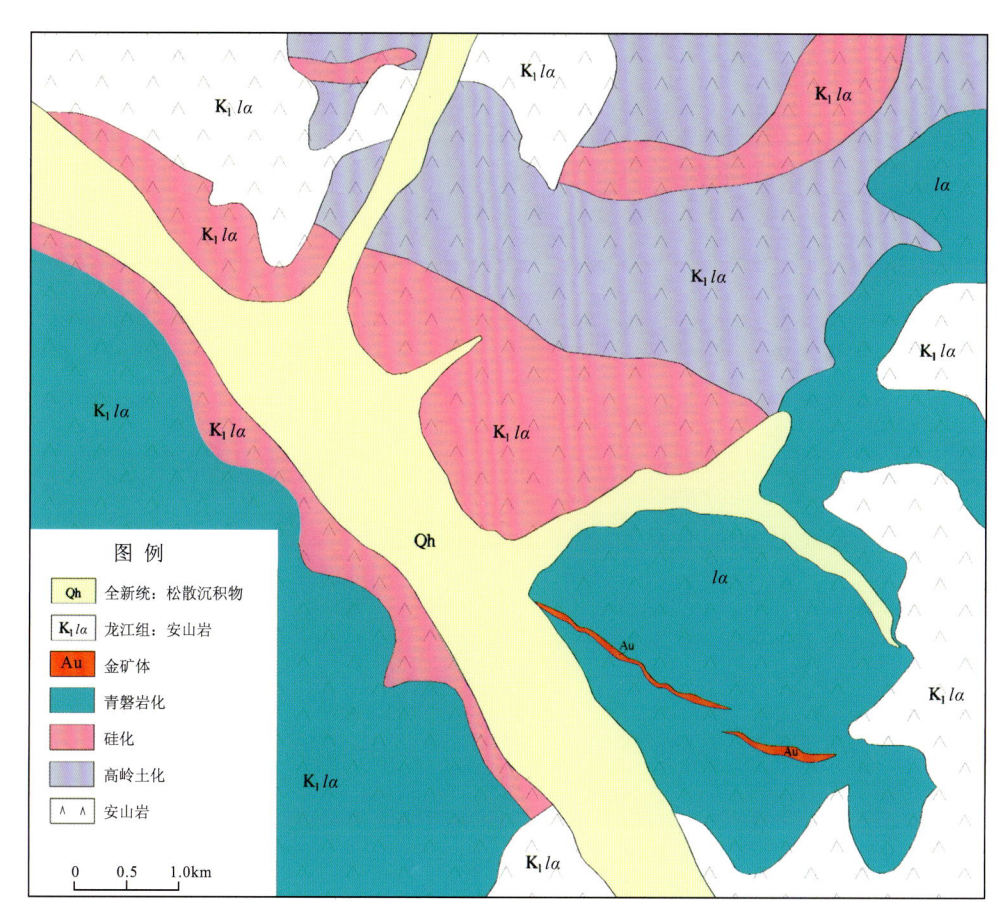

三道湾子金矿床综合异常剖析图

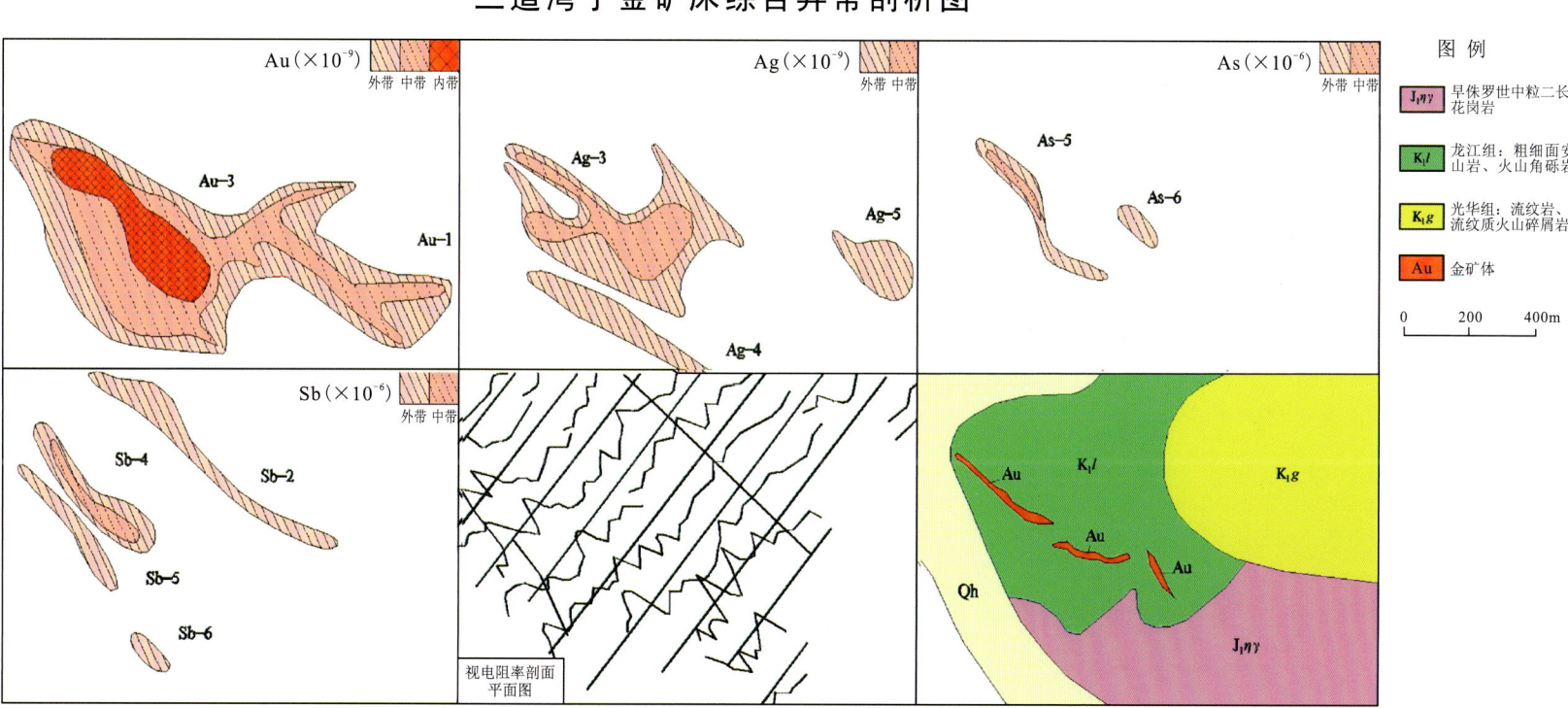

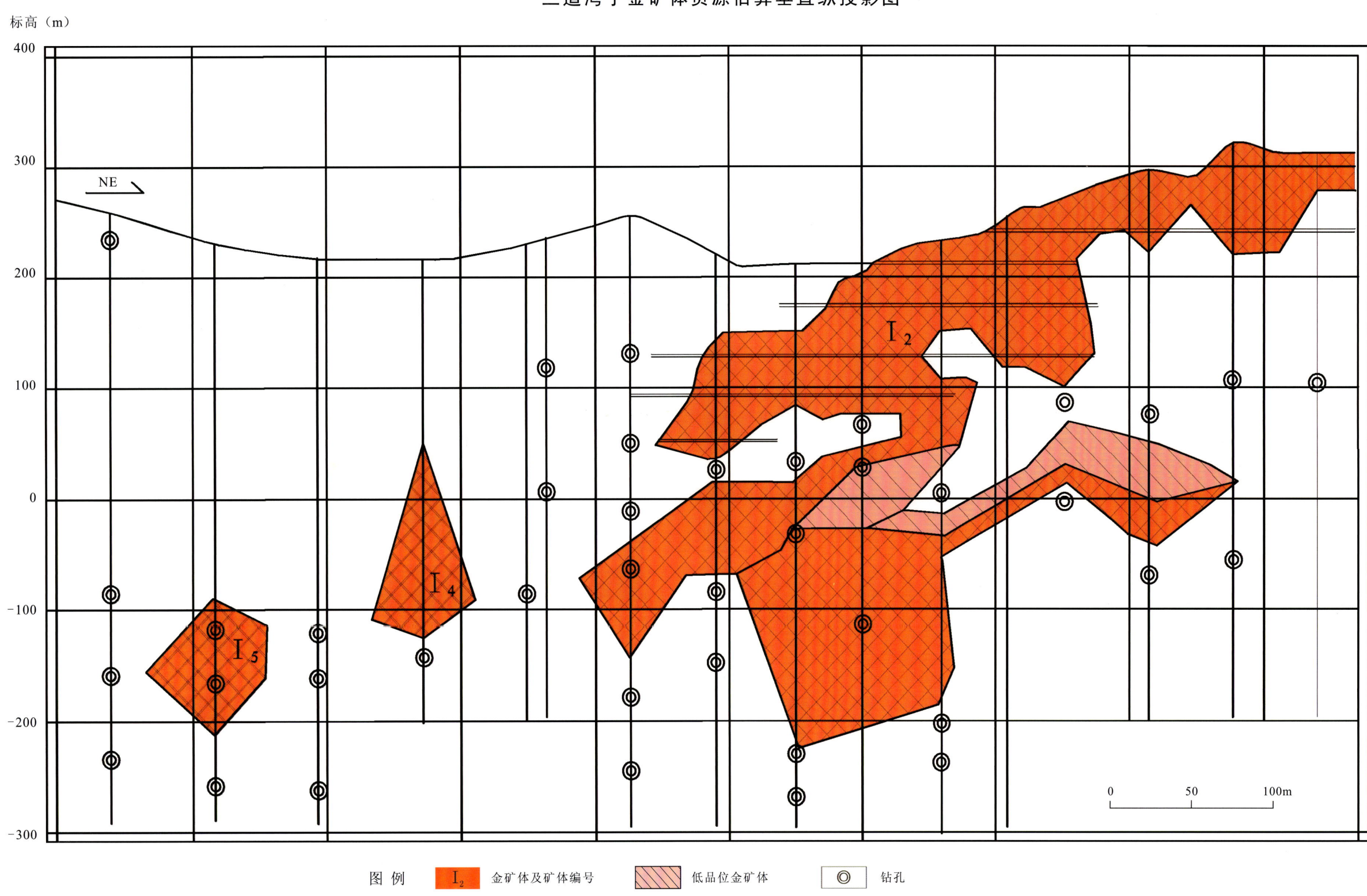

三道湾子金矿体资源估算垂直纵投影图

三道湾子金矿床成矿模式图

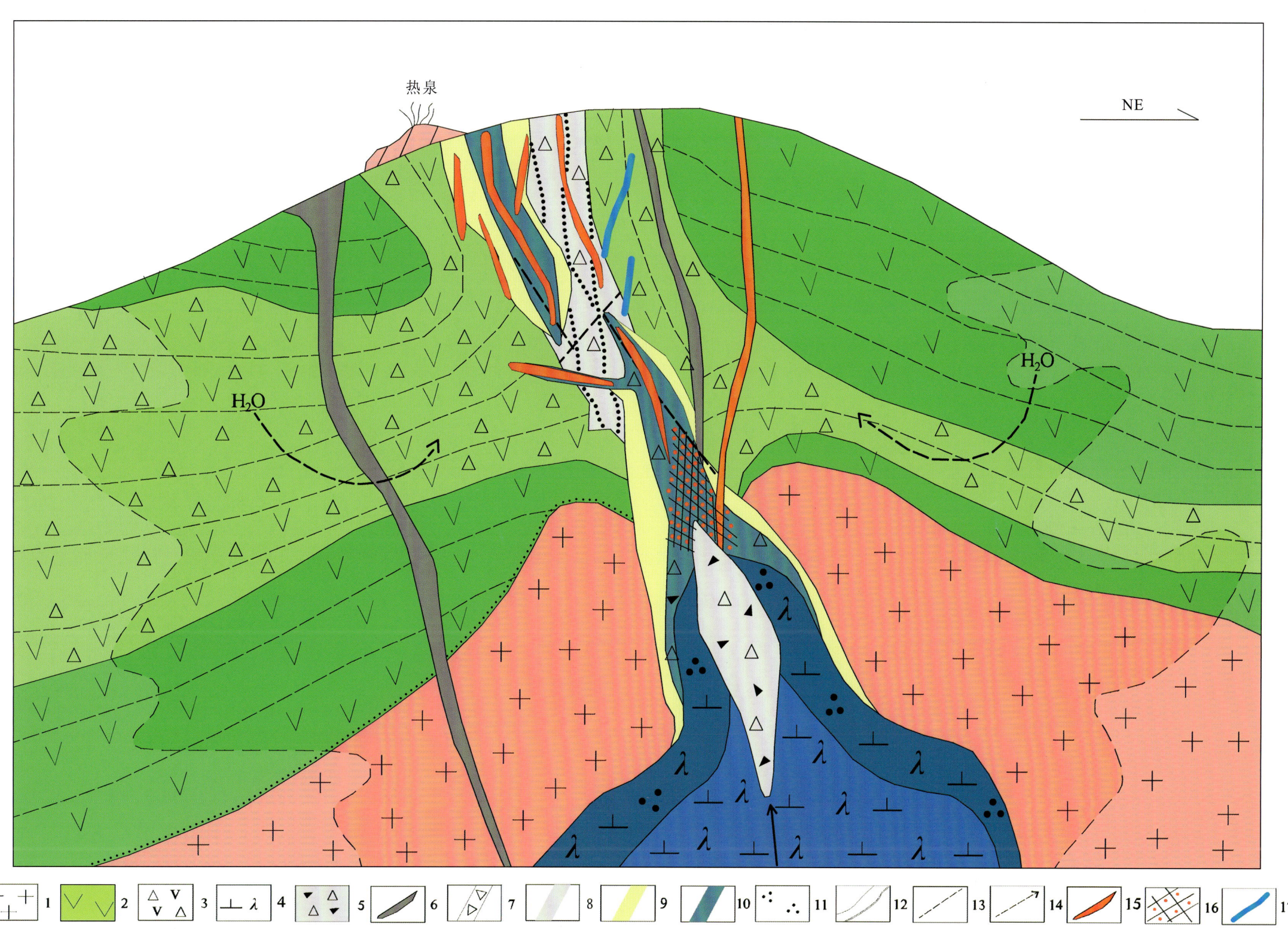

1.花岗岩；2.安山岩；3.安山质角砾岩；4.闪长玢岩；5.隐爆角砾岩；6.中性—基性岩脉；7.破碎带；8.青磐岩化带；9.绢英岩化带；10.硅化带；11.硅质热液；12.地层界线、不整合界线；13.蚀变界线；14.热液运移方向；15.脉状金矿体；16.网脉状金矿体；17.石英脉-冰长石型金矿体

永新金矿床

矿床位于黑龙江省嫩江县霍龙门乡迎丰村北部，距迎丰村约1.5km，地理坐标：北纬49°40′00″—49°45′00″，东经125°54′00″—126°02′00″。

金矿床产在嫩江-黑河北东向构造混杂岩带与北西向依克特火山弧交会处，北东向龙江-霍龙门火山喷发亚带与依克特火山弧叠加复合部位。

矿区出露地层主体为下白垩统龙江组灰白色—灰紫色流纹岩、凝灰岩，甘河组玄武岩零星分布。岩浆侵入活动集中在早石炭世，形成规模较大的花岗闪长岩和正长花岗岩体。区域性北东向大型韧性剪切带在矿区通过，造成早石炭世侵入岩体普遍糜棱岩化，糜棱面理倾向295°～300°，倾角15°～30°；后期的近南北向、北西向断裂构造穿透、改造糜棱岩带。

金矿化发生在强硅化、黄铁矿化糜棱岩带内。已控制Ⅰ号、Ⅱ号两条金矿化带，圈定金矿体22条，其中Ⅰ号矿带12条，Ⅱ号矿带10条。已控制的金矿体以Ⅰ-7号矿体规模最大。Ⅰ-7号金矿体地表控制长度约600m，倾向延伸约1700m；地表最大斜厚度24m，钻孔穿矿最大厚度44m；在空间上，矿体呈不规则脉状，具有舒缓波状、分支复合、尖灭再现的特点；矿体倾向280°～300°，倾角15°～35°，向西侧伏。

矿化围岩蚀变类型主要有硅化、黄铁矿化、绢云母化、高岭土化等，与金矿化关系密切的围岩蚀变为硅化、黄铁矿化。硅化蚀变呈面状、宽大的带状，伴生黄铁矿化蚀变作用，形成规模不等的含黄铁矿石英脉、石英网脉带。在硅化蚀变（带）两侧，发育绢云母化、高岭土化等蚀变。

金矿石类型主要为糜棱岩型、石英脉型、石英网脉型和破碎蚀变岩型。矿石中金属矿物以黄铁矿、褐铁矿为主，偶见黄铜矿、闪锌矿；非金属矿物主要为石英，少量长石、高岭石、绢云母等。矿石具有自形—半自形粒状结构、他形粒状结构，块状、角砾状及细脉浸染状构造。

矿床成因类型为与韧性剪切带有关的次火山热液型。

截至2016年，控制金资源量（332+333类）22.34t，矿石平均品位$3.67×10^{-6}$。

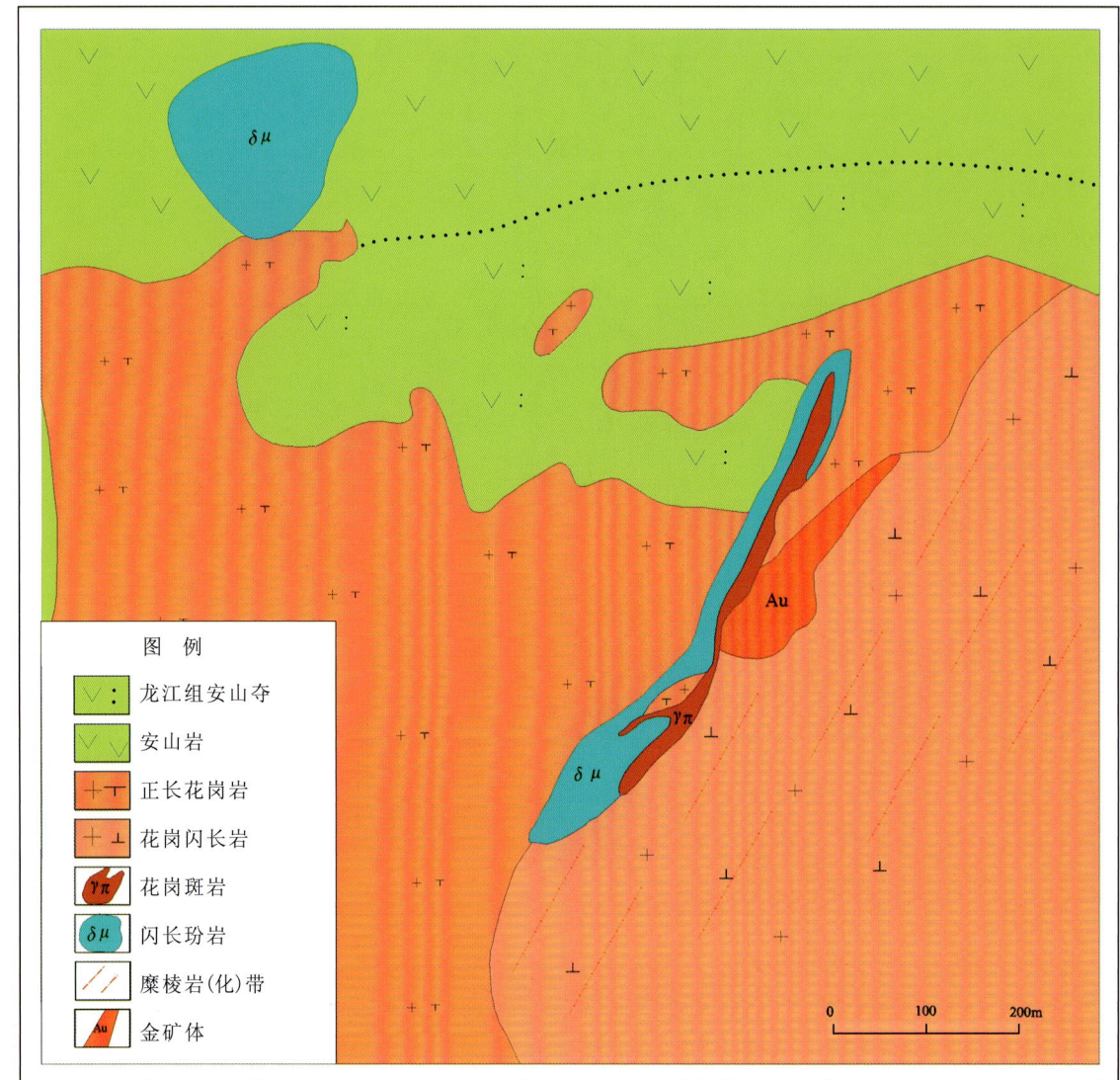

永新金矿床矿区地质图

石英脉型金矿石

破碎蚀变岩型金矿石

永新金矿床矿体三维模型图

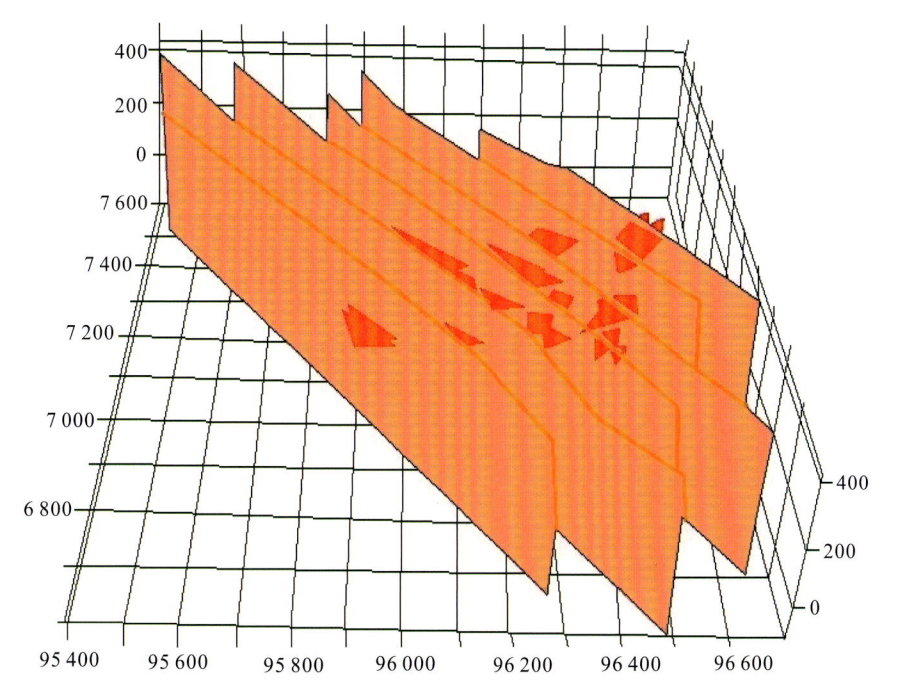

永新金矿床D172.5勘探线剖面图

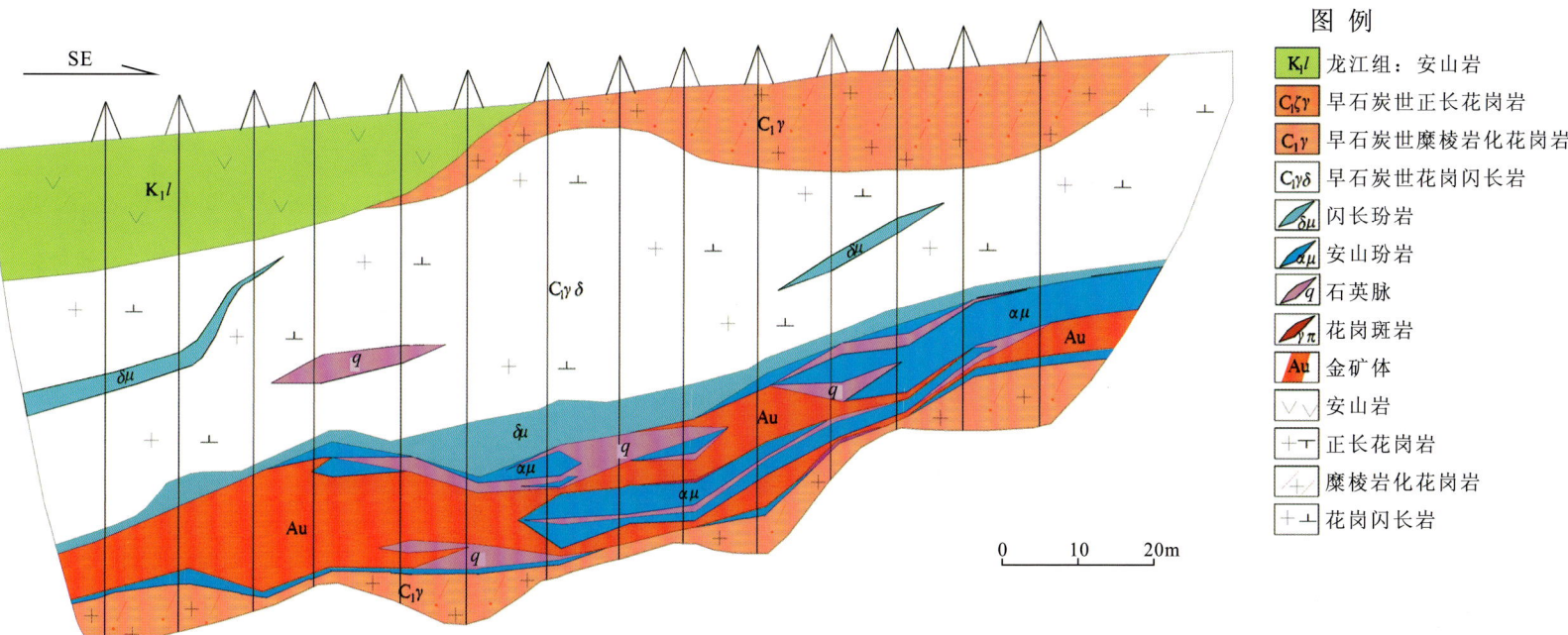

图例

K_1l	龙江组:安山岩
$C_1\xi\gamma$	早石炭世正长花岗岩
$C_1\gamma$	早石炭世糜棱岩化花岗岩
$C_1\gamma\delta$	早石炭世花岗闪长岩
$\delta\mu$	闪长玢岩
$\alpha\mu$	安山玢岩
q	石英脉
$\gamma\pi$	花岗斑岩
Au	金矿体
	安山岩
	正长花岗岩
	糜棱岩化花岗岩
	花岗闪长岩

永新金矿床激电反演三维模型图

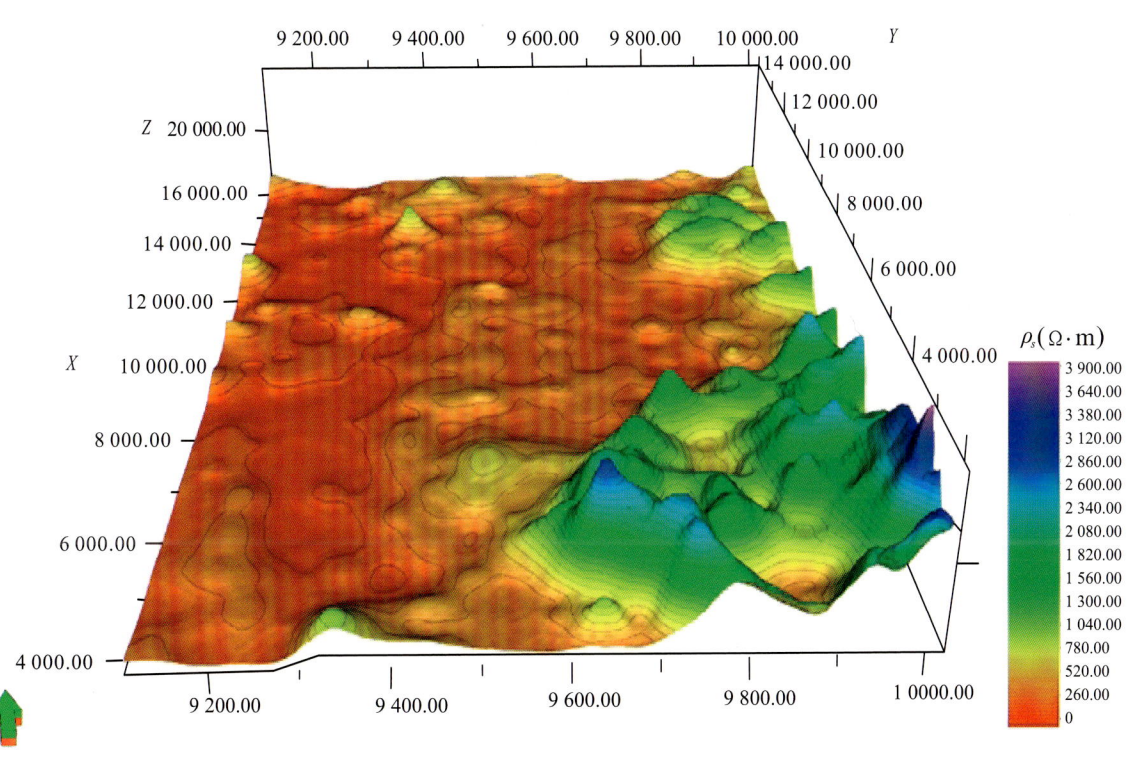

永新金矿床成矿模式图

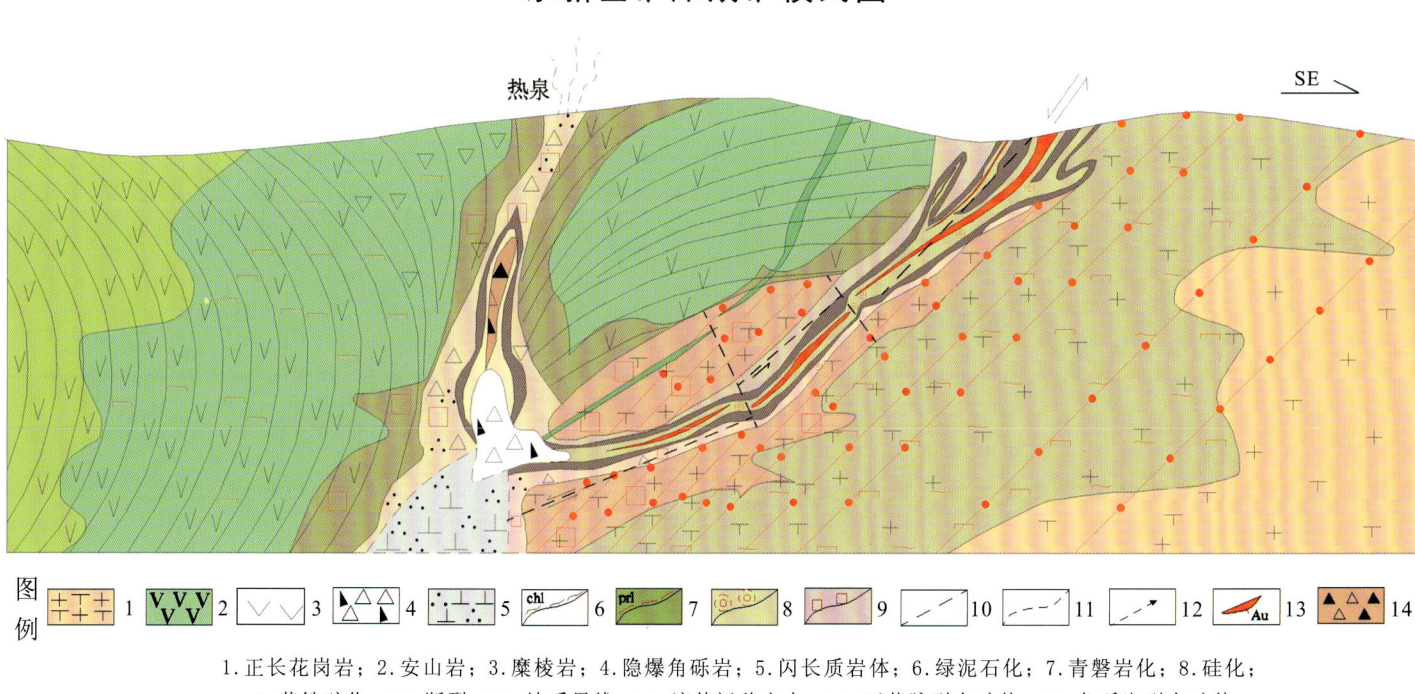

图例　1.正长花岗岩；2.安山岩；3.糜棱岩；4.隐爆角砾岩；5.闪长质岩体；6.绿泥石化；7.青磐岩化；8.硅化；9.黄铁矿化；10.断裂；11.地质界线；12.流体运移方向；13.石英脉型金矿体；14.角砾岩型金矿体

上马场金矿床

矿床位于黑龙江省黑河市上马场乡西部，距上马场乡约13.5km，地理坐标：北纬50°21′22″—50°23′08″，东经127°14′52″—127°17′38″。

矿区出露的地层为下白垩统龙江组安山质火山岩、英安质凝灰岩、英安质凝灰熔岩等。岩浆活动以燕山期表现强烈，形成不同规模的早白垩世花岗岩、花岗斑岩侵入体。

与火山活动伴生的北东向断裂构造是区内的导矿、容矿构造。金矿体主要赋存于下白垩统龙江组安山质火山岩中，少量规模小、品位低的金矿体产在英安质凝灰岩、英安质凝灰熔岩中。金矿体走向受北东向、北东东向断裂构造控制，倾向北西或南东。

矿区共圈定7条金矿（化）带，95条金矿体。金矿体总体呈脉状、扁豆状，局部有膨大、狭缩现象，走向为北东向，倾向北西，倾角40°～77°。矿体厚度为 0.4～9.7m，平均厚度2.14m，走向长度 20～230m，倾向延深20～165m；矿石金品位$1.2×10^{-6}$～$34.7×10^{-6}$。

矿石结构主要为自形粒状、半自形—他形粒状、交代—反应边、包含结构，浸染状和脉状构造。

矿石金属矿物以褐铁矿、黄铁矿（白铁矿）为主，次为黄铜矿、方铅矿、闪锌矿；非金属矿物以石英为主，次为长石、绢云母。

矿床成因类型为次火山热液型。

探明金资源量(332+333类)11.28t，伴生银资源量(332+333类)3.12t。

上马场金矿床矿区地质图

关鸟河钨矿床

矿床位于黑龙江省嫩江县多宝山镇，多宝山铜（钼）矿床西约20km处，地理坐标：北纬50°13′15″—50°15′10″，东经125°38′30″—125°40′40″。

矿区出露岩系为中奥陶统铜山组浅海沉积建造，构成关鸟河-泥鳅河复式背斜，主要岩性为大理岩、变质砂岩。地层总体走向为北西向，倾向北东，倾角50°～70°。侵入岩主要为呈岩株状产出的晚石炭世斜长花岗岩，次为呈小岩株状、岩脉状产出的燕山早期二长花岗岩。北西向挤压性断裂、北东向压扭性断裂是矿区的主干断裂。在主干断裂两侧发育一系列北西向、北西向、北东向、北东东向次级断裂构造。

在二长花岗岩与铜山组变质砂岩接触部位，形成宽80～100m角岩（化）带，与大理岩接触部位形成宽50～80m的矽卡岩带。钨矿化发生在矽卡岩带内。

矿区共圈定9条钨矿体，其中以Ⅰ号矿体规模最大，Ⅱ号、Ⅲ号次之。Ⅰ号钨矿体呈大脉状产于二长花岗岩与铜山组大理岩接触带内，矿体长360m，平均厚度26.6m，控制最大垂深100m，走向330°～270°，倾向10°～60°，倾角65°；矿石钨平均品位0.363%，铜平均品位0.08%。

矿石矿物主要为白钨矿、黄铜矿，次为闪锌矿、黄铁矿，含少量辉铋矿、镜铁矿、赤铁矿和褐铁矿；脉石矿物主要为石榴石和石英，次要为方解石、绿泥石。

矿床成因类型为接触交代型。

关鸟河钨矿床矿区地质图

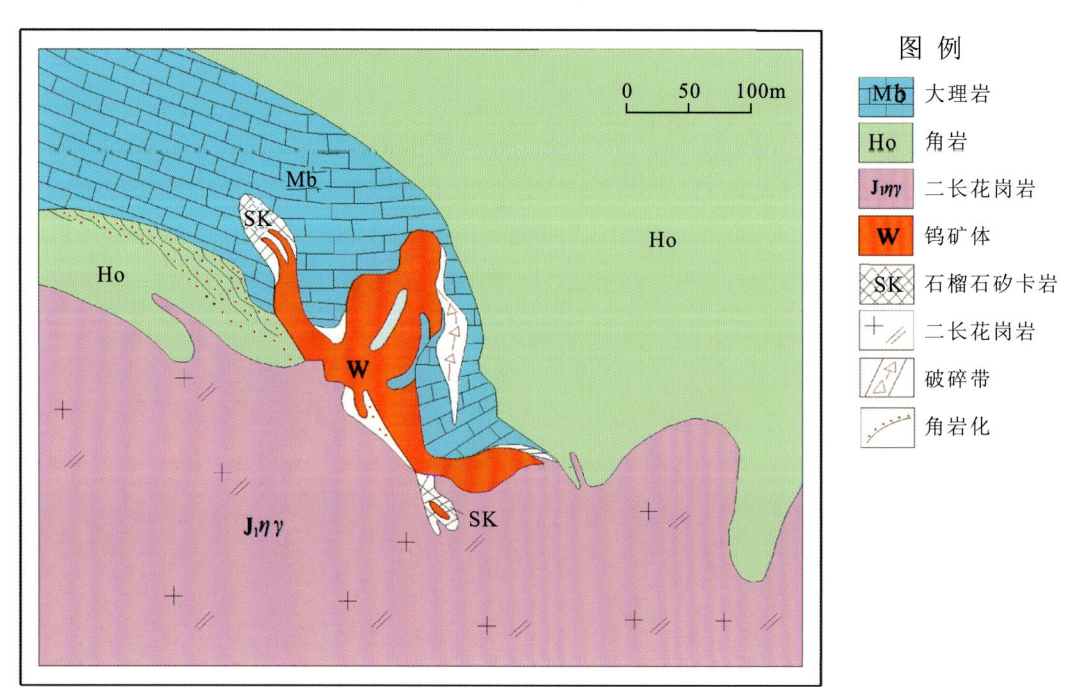

大新屯金锑矿床

矿床位于黑龙江省黑河市张地营子乡小新屯村南西,距小新屯村2km,地理坐标:北纬50°54′45″—50°55′15″,东经126°55′00″—126°59′00″,包括Ⅰ号、Ⅱ号两个勘查区。

矿区出露的地层主要为新元古界北宽河组,主要岩性为二云母片岩、砂质板岩及大理岩,局部小型褶皱发育;地层产状倾向南西,倾角35°～60°,以低角度倾角为主。岩浆侵入活动表现在中侏罗世,形成花岗闪长岩岩株及次英安岩体。石英脉、闪长玢岩脉发育,前者主要产在金矿体下盘,后者发育在金矿体上盘;脉体总体产状与北宽河组地层片理产状一致,走向北西-南东向,倾向南西,倾角15°～30°。

矿床处在呼玛中生代次级坳陷区,西邻中生代花岗岩隆起。黑龙江深大断裂(带)在矿区东侧通过,次一级的嫩江-新开岭断裂(带)从矿区南东侧通过。区内发育北东向、北西向两组断裂构造。分3个断裂构造活动期:早期北东向断裂构造表现为控岩构造;中期北西向断裂构造为控岩、控矿构造,断裂构造走向320°,倾向南西,倾角35°～55°,具有张扭性特征;晚期北东向断裂构造为成矿后的破矿构造。

矿区内闪长玢岩脉体受北西向断裂构造控制,金矿体多产在闪长玢岩脉下盘,二者产状基本一致。破碎蚀变带由泥状、角砾状云母片岩、板岩组成,局部地段见破碎的含金石英脉。金矿体赋存在破碎蚀变带内,金矿石为破碎蚀变岩、含金石英脉。

Ⅰ号勘查区:共圈定12条矿体,其中金矿体3条,银矿体3条,锑矿体6条。其中,Ⅰ-1号金矿体规模最大,呈弯曲脉状,膨大、缩窄现象明显,总体走向为北西-南东向。矿体长900m,宽0.3m～9.5m,倾向南西,倾角35°～45°,倾向延深320m。金平均品位3.57×10^{-6},伴生银最高品位$1\,252.46\times10^{-6}$,伴生锑最高品位18.496%。

Ⅱ号勘查区:共圈定11条矿体,其中金矿体7条,锑矿体4条。Ⅱ-1号金矿体为规模最大的金矿体,总体呈北西-南东走向,长大于700m,倾向延深大于320m,厚度0.85～4.89m。金平均品位2.14×10^{-6}。局部矿段伴生辉锑矿体,辉锑矿呈针柱状、放射状赋存在破碎蚀变岩内,局部构成辉锑矿脉。Ⅱ-4号辉锑矿体是盲矿体,产状与金矿体一致,斜厚度2.2m,锑平均品位4.66%。

矿石金属矿物主要为自然金、金银矿、黄铁矿、辉锑矿、褐铁矿、毒砂、黄铜矿、闪锌矿等。非金属矿物有石英、长石、高岭土、黑云母、白云母、绢云母和方解石等。

围岩蚀变作用较为强烈,蚀变类型主要有硅化、黄铁矿化、绢云母化、辉锑矿化、碳酸盐化等,与金、锑矿化关系密切的蚀变类型为硅化、黄铁矿化。

矿床成因类型为岩浆期后热液型。

块状辉锑矿石

大新屯金锑矿床 I 号勘查区地质图

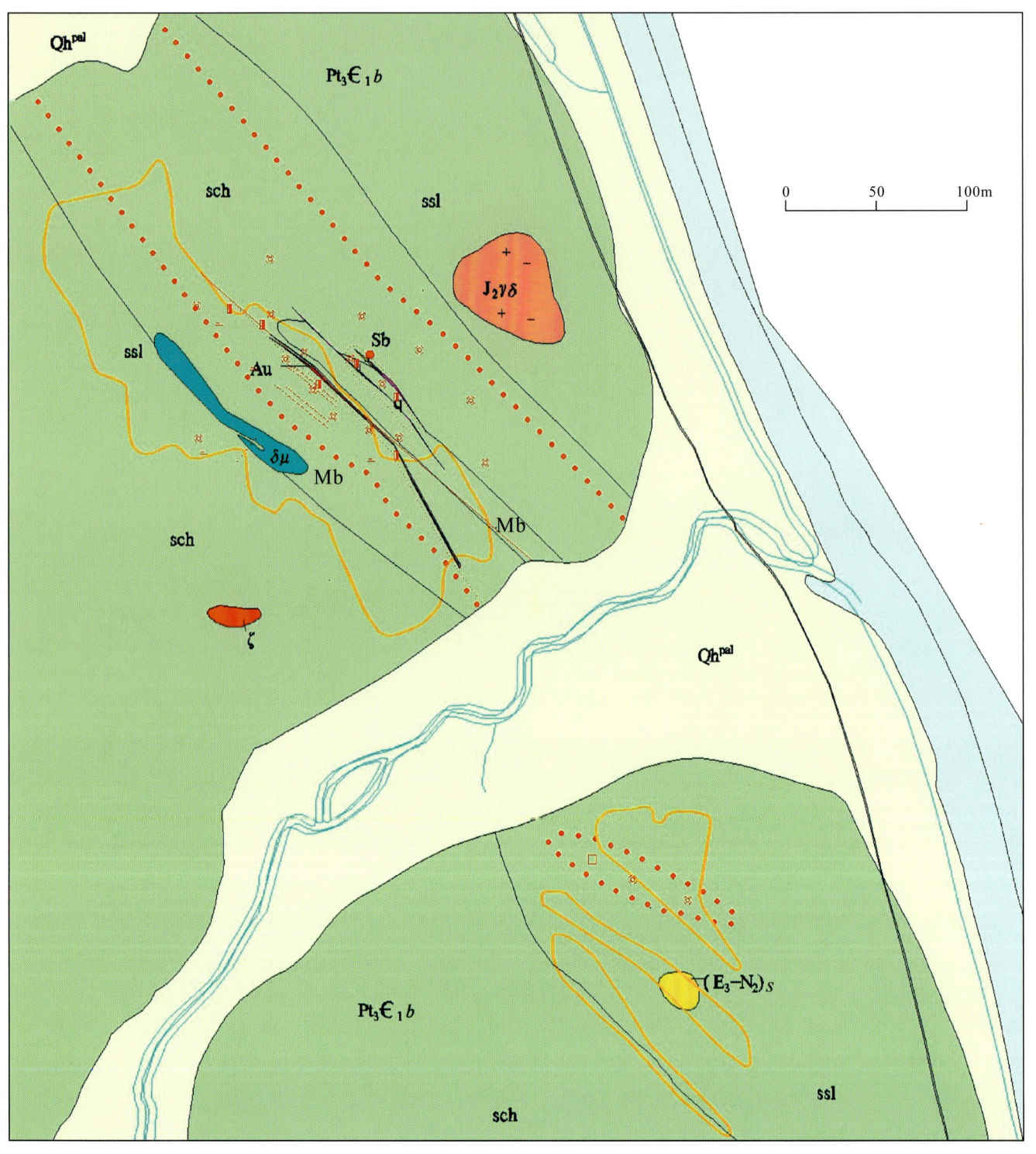

大新屯金锑矿床 I 号勘查区10勘探线剖面图

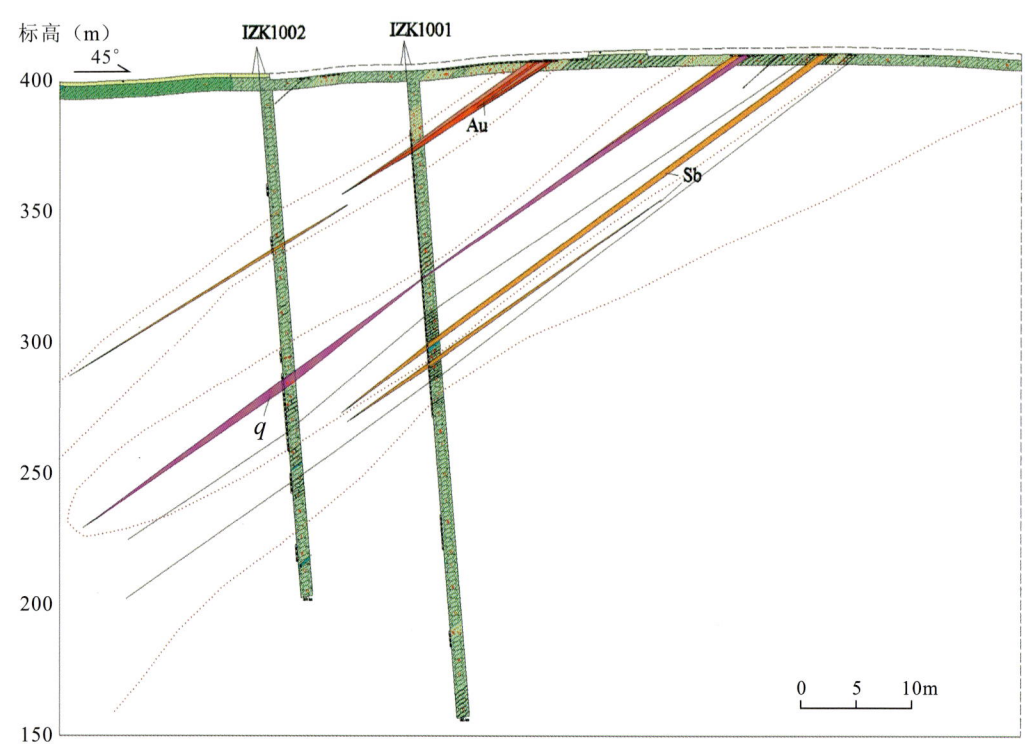

大新屯金锑矿床 II 号勘查区0勘探线剖面图

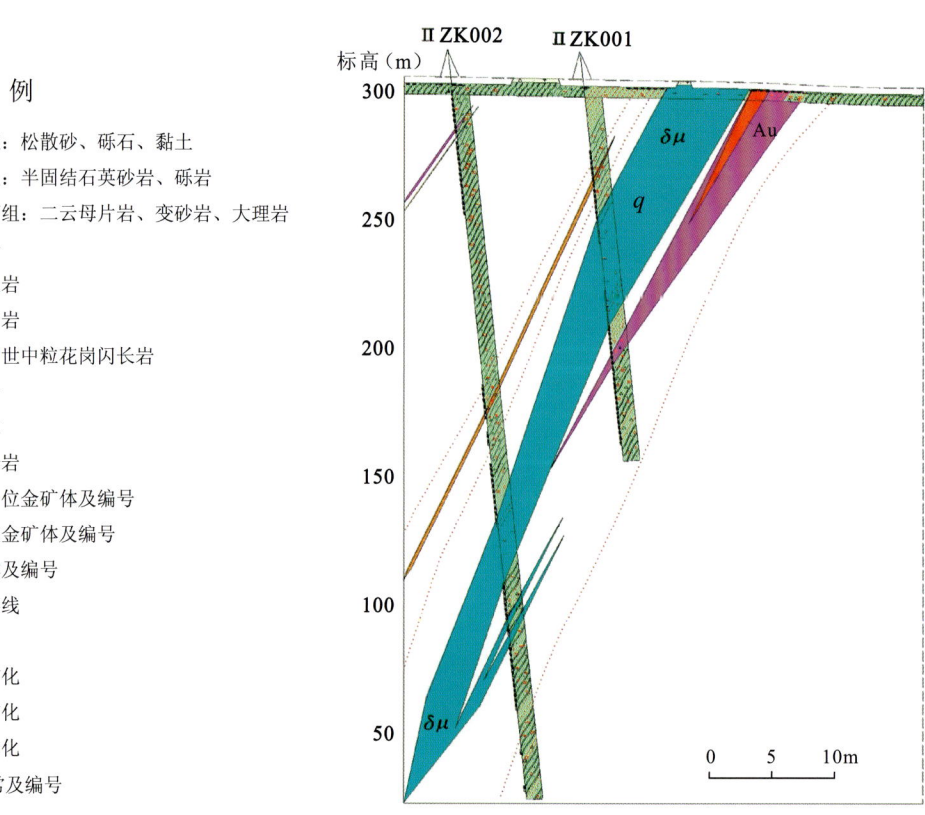

三五八金矿床

矿区位于黑河市张地营子乡石灰窑西10km处,地理坐标:北纬50°48′04″—50°49′56″,东经126°59′34″—127°02′02″。

矿区出露地层为兴华渡口群黑云斜长片麻岩、黑云片岩、石英岩。侵入岩为晚侏罗世中—粗粒花岗闪长岩、晚侏罗世中细粒英云闪长岩及闪长玢岩、花岗细晶岩等脉岩。矿区构造主要是北北东向韧性剪切带,带宽约100m,走向10°~20°,倾向北西,倾角35°~45°。金矿化带分布在绢云母化、硅化的韧性剪切带内。矿（化）体受韧性剪切带控制,走向延伸稳定。

矿区共圈定6条金矿体。

Ⅰ号金矿体呈脉状、条带状,长620m,厚度5.0~9.4m,平均7.2m；矿体走向北北东向,倾向北西西,倾角40°~65°；金最高品位$12.6×10^{-6}$,平均品位$2.61×10^{-6}$。赋矿岩石为韧性剪切带内的黄铁绢英岩化蚀变岩。

Ⅱ号金矿体呈脉状、扁长透镜体状,长220m,厚度1.0~3.4m；走向北北东向,倾向北西西,倾角30°~60°；金最高品位$16.9×10^{-6}$,平均品位$7.24×10^{-6}$。赋矿岩石为脆性剪切带内的黄铁绢英岩化蚀变岩。

围岩蚀变发育,蚀变作用分为韧性变形作用期、脆性变形作用期。韧性变形作用期伴随绢英岩化、黄铁矿化,脆性变形作用期伴随硅化、黄铁矿化、黄铜矿化、辉钼矿化、绢云母化、绿泥石化、碳酸盐化、黏土化。其中脆性变形作用期围岩蚀变作用——硅化、黄铁矿化与金矿化关系密切。

矿床成因类型为与韧性剪切带有关的岩浆期后热液型。金资源量(333+334类)约10.3t,经进一步工作有望达到大型规模。

金矿石(糜棱岩,×20倍镜下)

三五八金矿床综合地质图

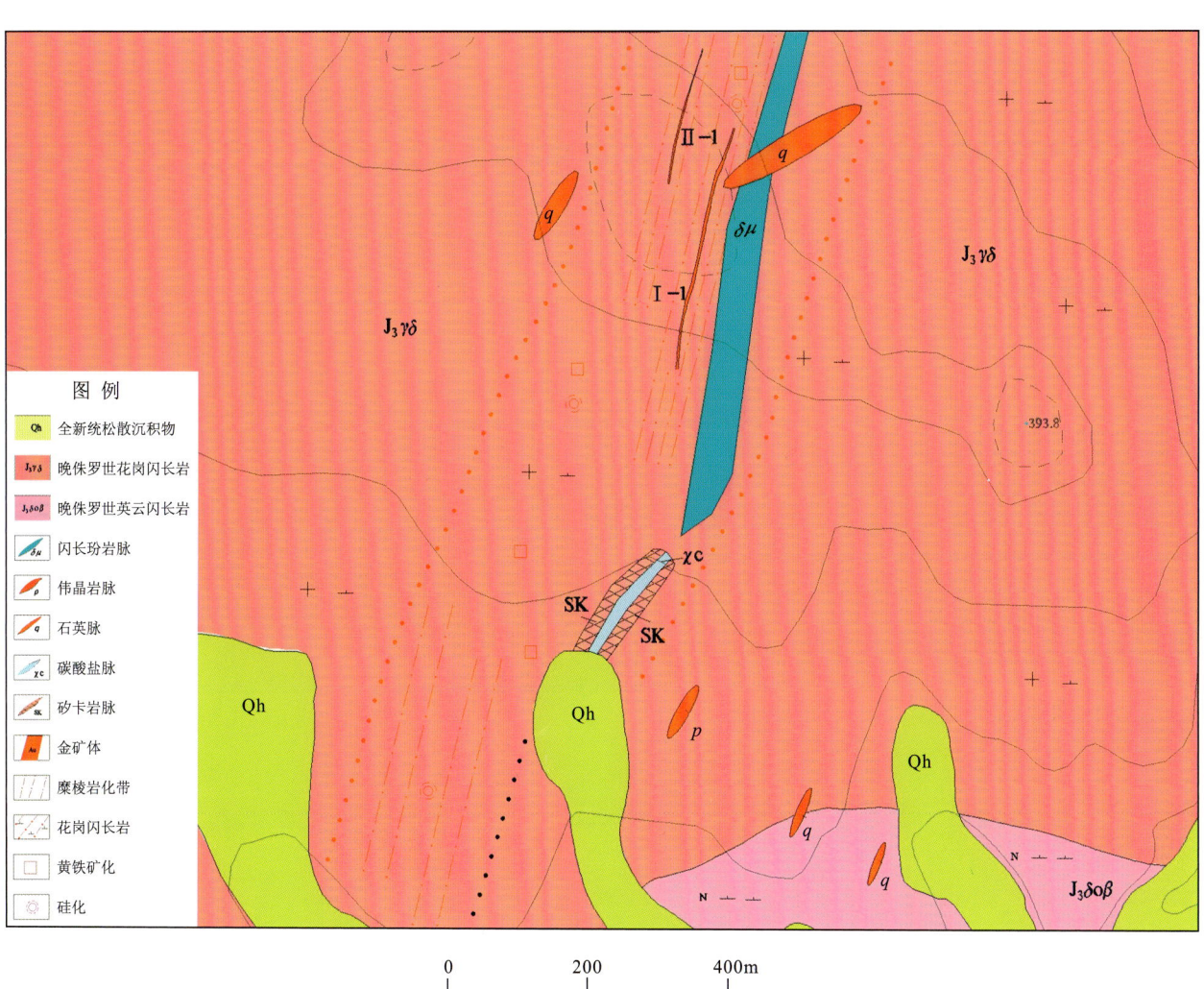

三五八金矿床HH4剖面高密度电法反演电阻率、极化率断面图

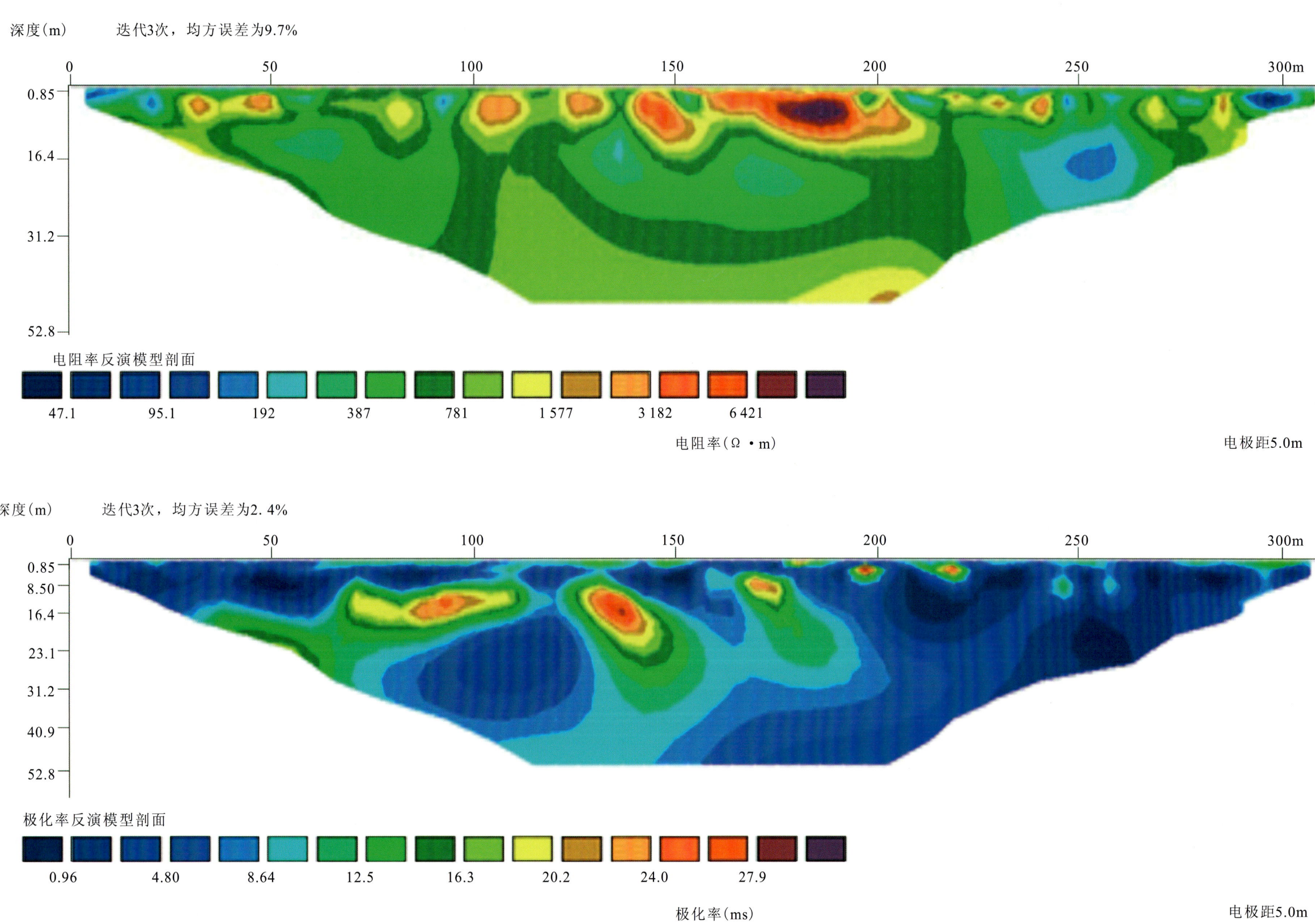

三五八金矿床As-3号综合异常剖析图

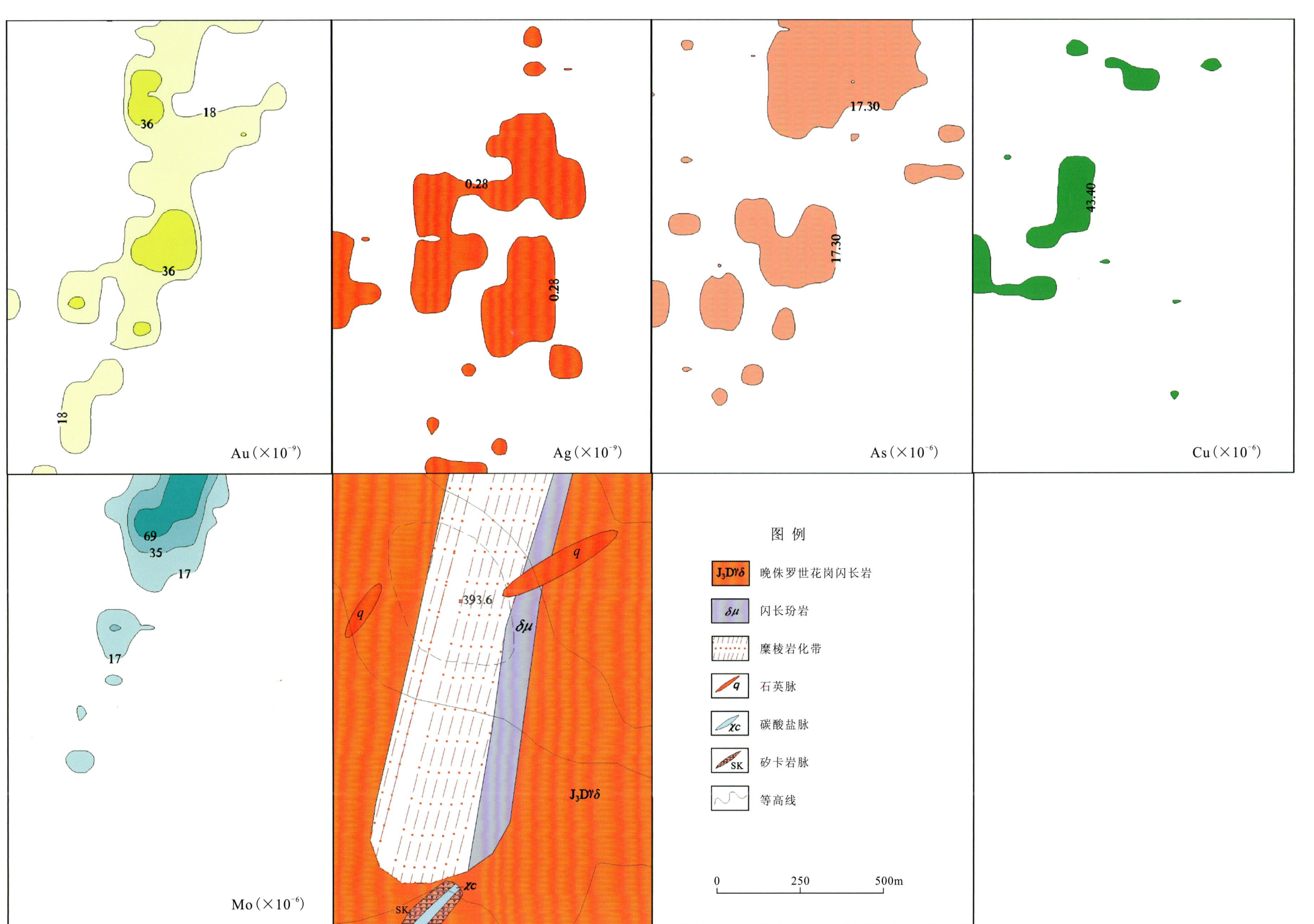

三五八金矿床矿区地质图

三五八金矿床16勘探线剖面图

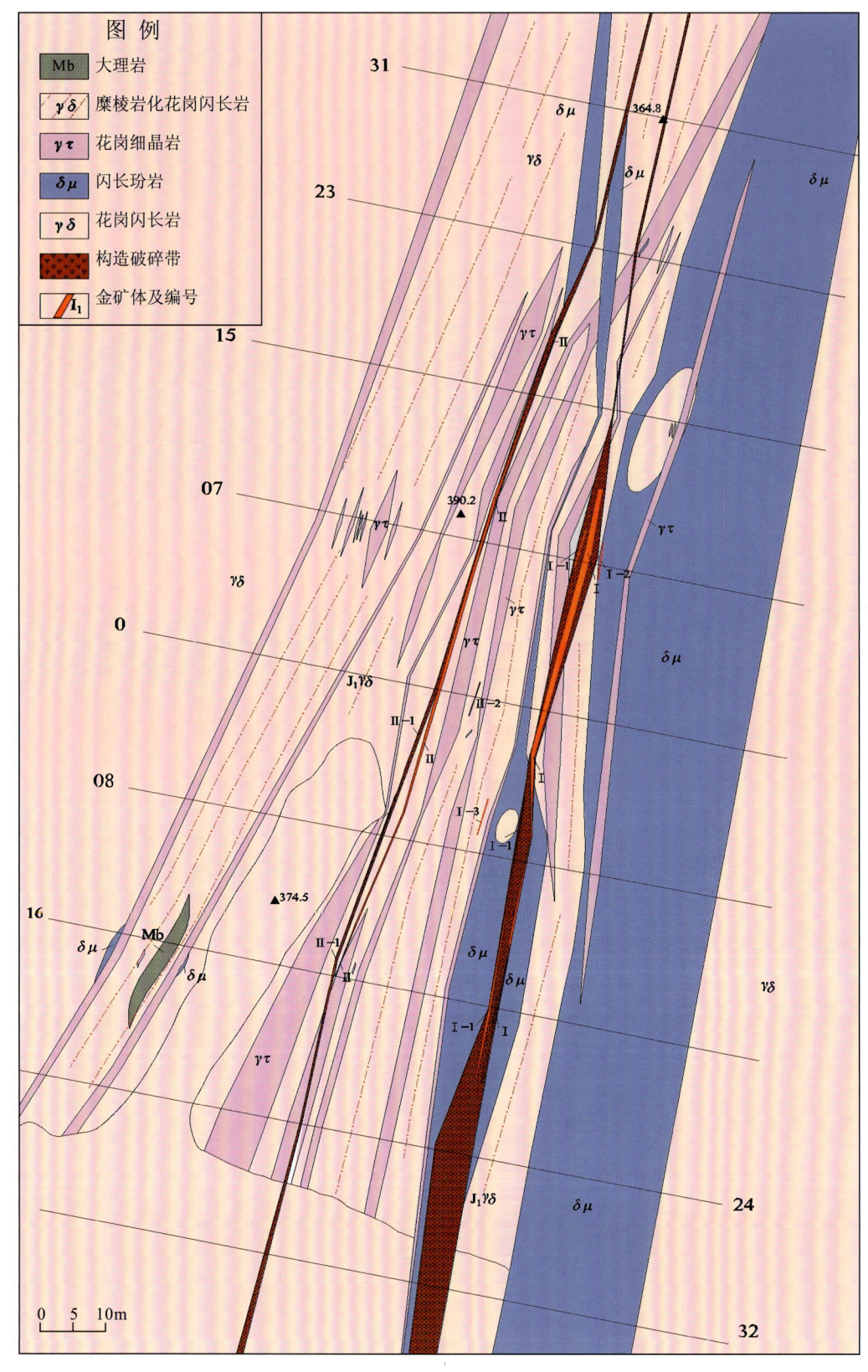

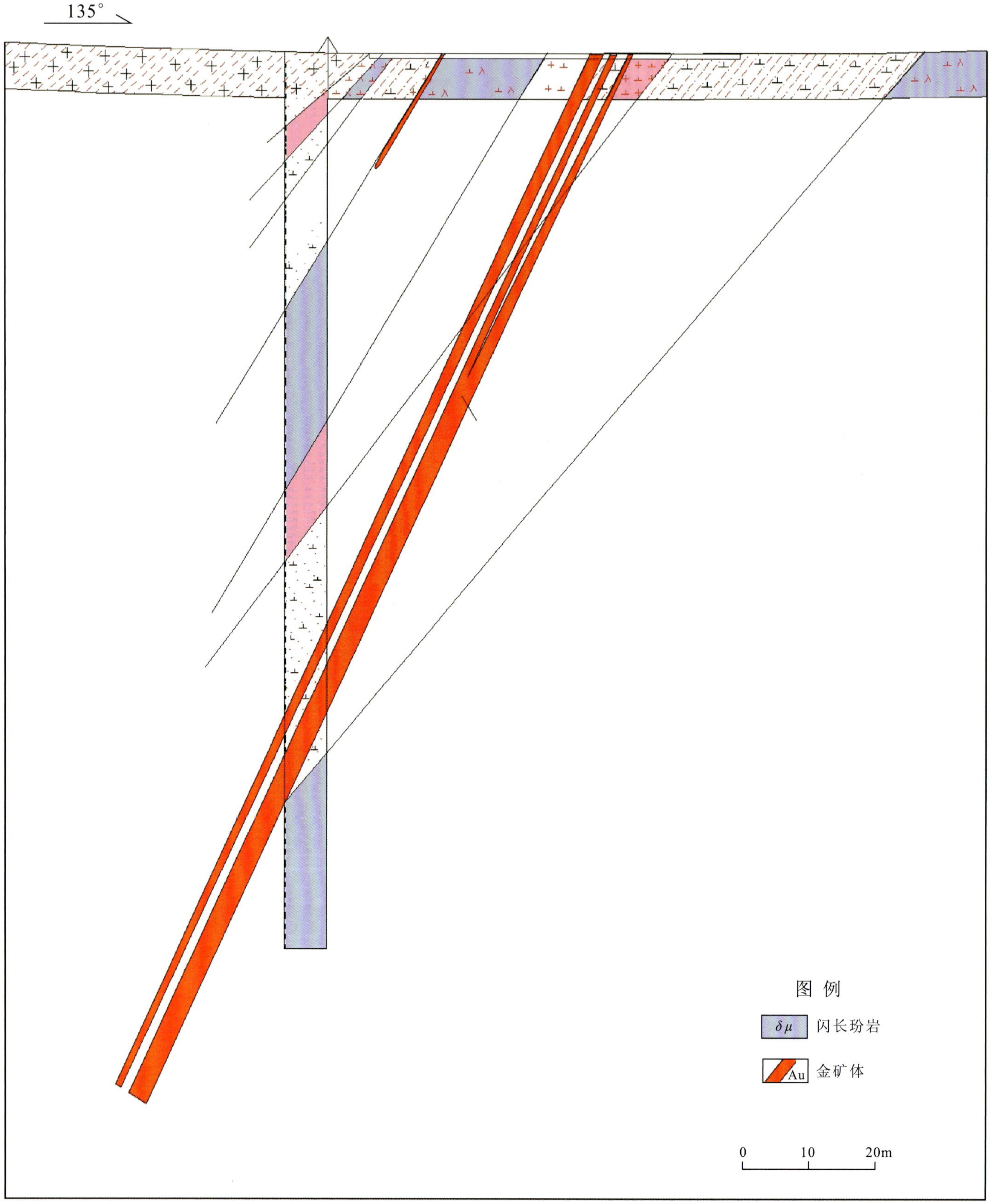

黑花山钼矿床

黑花山钼矿床位于黑龙江省黑河市张地营子乡白石砬子村南东，距白石砬子村约20km，地理坐标：北纬50°46′44″—50°48′24″，东经126°45′33″—126°46′03″。

矿区出露的岩性主要是中—晚侏罗世中粗粒花岗闪长岩、似斑状二长花岗岩，古—中元古界兴华渡口群变质岩系呈残留体状零星分布。钼矿化发生在中—晚侏罗世似斑状二长花岗岩体内，矿化蚀变带、钼矿体走向基本一致，均为近东西向。按钼品位大于0.01%，圈定3条矿化蚀变带。

Ⅰ号带长260m，厚度42～47m；Ⅱ号带长600m，厚度30～88m；Ⅲ号带长525m，厚度25～100m。在3条矿化带内，圈定10条钼矿体，其中以Ⅲ-1号、Ⅱ-4号钼矿体规模较大。Ⅲ-1号矿体长527m，厚度3.0～19.4m；矿体走向近东西向，倾向北东，倾角20°～60°，钼最高品位0.133%，平均品位0.038%。Ⅱ-4号矿体长207m，厚度3.0～8.0m，近东西走向，倾向北东，倾角30°～60°，钼最高品位0.1184%，平均品位0.034%。

围岩蚀变类型有云英岩化、钾化、黄铁矿化、黄铜矿化、褐铁矿化，其中钾化、黄铁矿化、黄铜矿化与钼矿化关系密切。

矿石类型为石英细脉型、云英岩型。

矿石金属矿物组合为辉钼矿、黄铁矿、黄铜矿、闪锌矿、镜铁矿等。

矿石结构为自形—半自形鳞片粒状变晶结构。

矿石构造为块状构造、细脉—网脉状构造、浸染状构造、团块状构造。

矿床成因类型为斑岩型。估算钼资源量（333+334类）4.41×10⁴t。

黑花山钼矿床矿区地质图

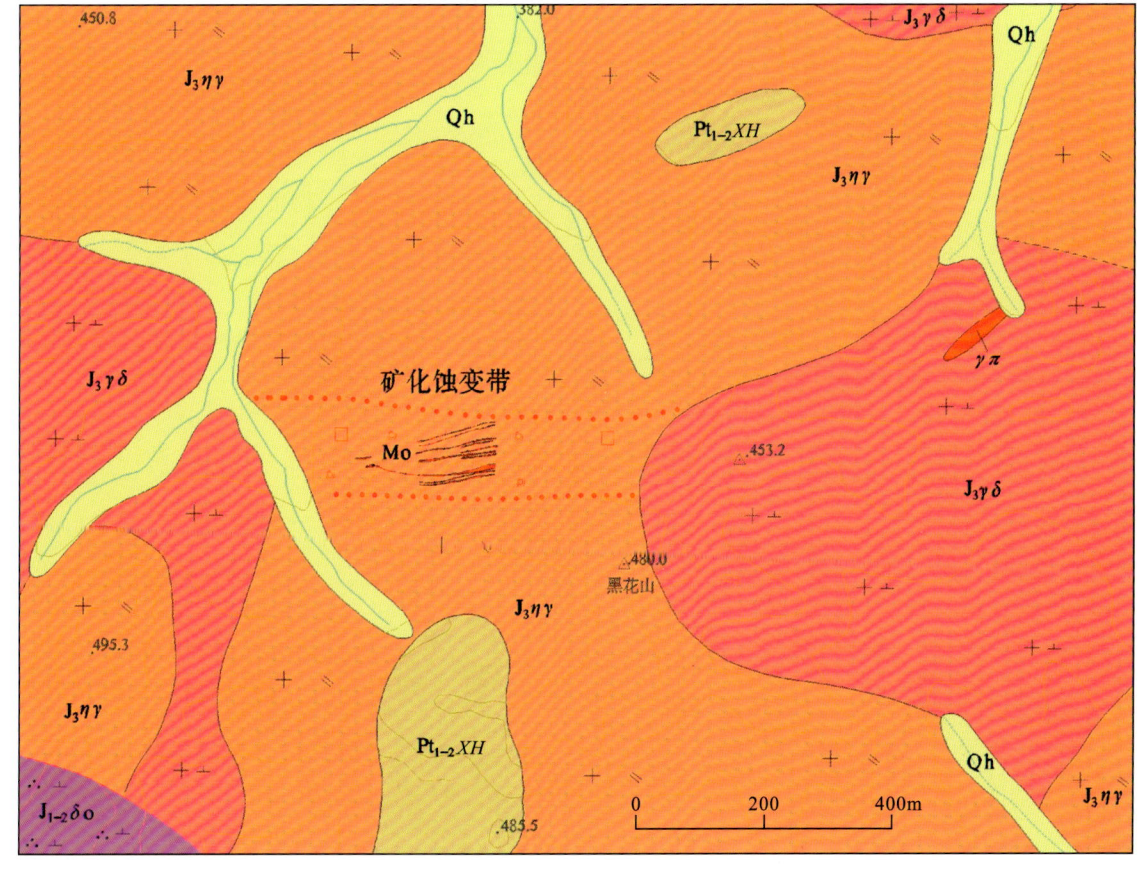

黑花山钼矿床3勘探线剖面图

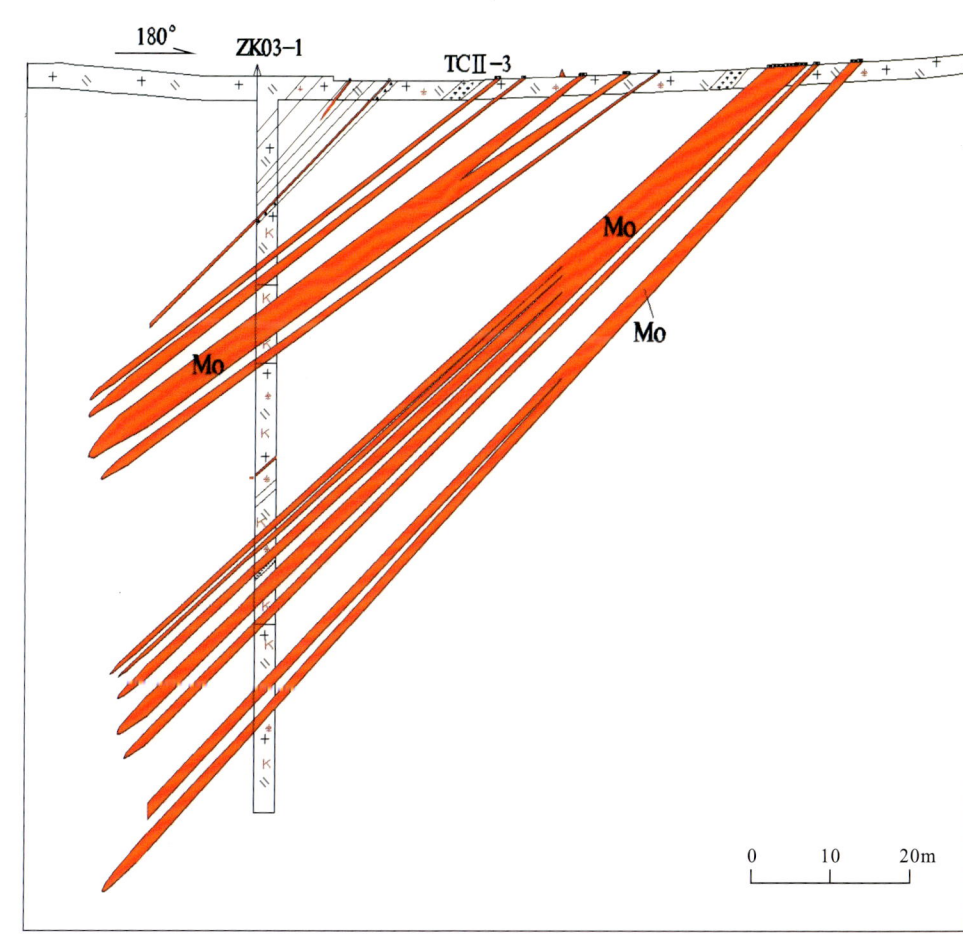

黑花山HH3剖面高密度电法反演电阻率、极化率断面图

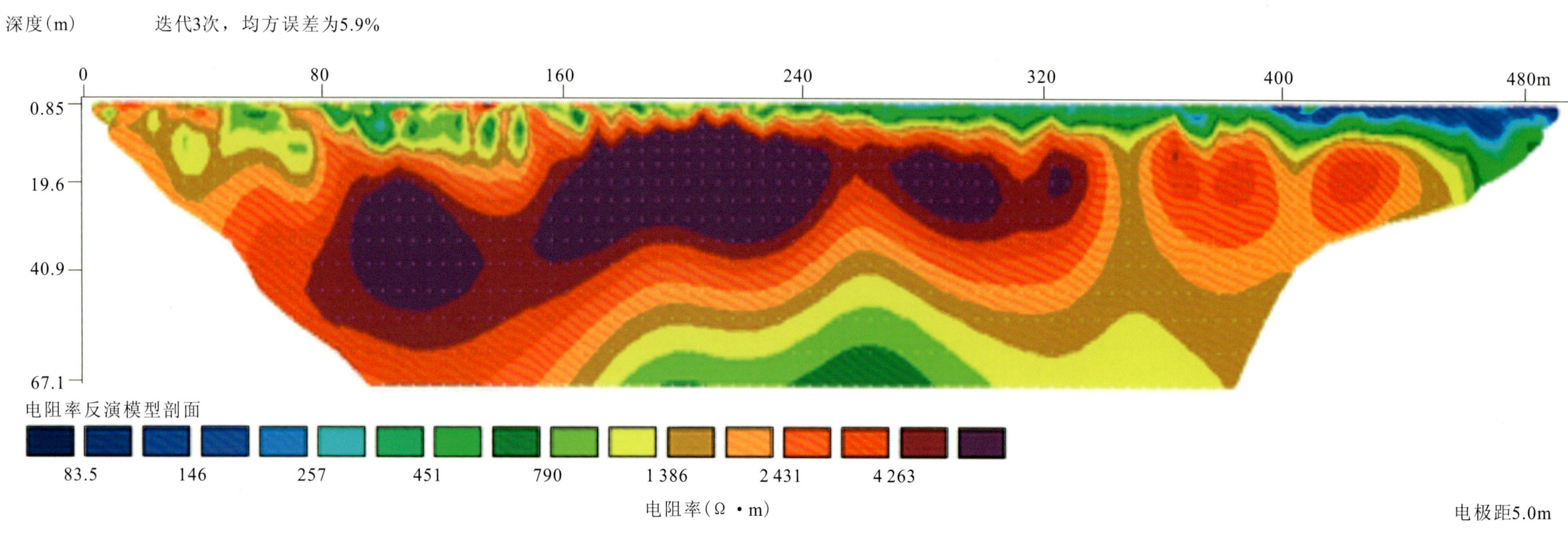

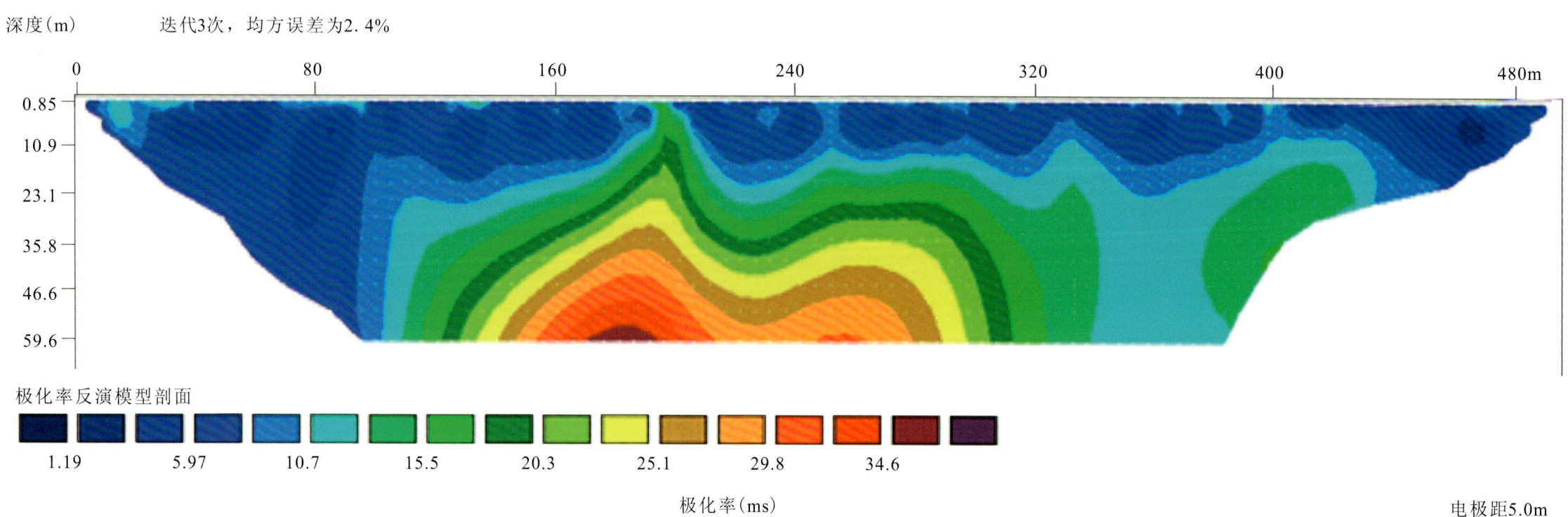

孟德河金矿床

矿床位于黑龙江省黑河市爱辉区北师河村西南部，距北师河村约10km。地理坐标：北纬49°53′30″—49°56′46″，东经126°11′34″—126°15′00″。

矿区出露地层为新元古界北宽河组，呈透镜体状北东东向分布。地层走向北东向，倾向南东，倾角60°～65°，岩石组合为绢云母千糜岩、石英千糜岩、糜棱片岩、泥质板岩等。受区域韧性剪切作用，北宽河组岩石遭受不同程度的变质变形作用，形成北东-南西走向的糜棱岩（化）带，地层中小褶曲、石香肠、鞘褶皱等构造发育。

岩浆活动较为强烈，形成早石炭世花岗岩侵入体、中侏罗世花岗岩侵入体，其中早石炭世花岗岩体多遭受糜棱岩化，糜棱面理呈北东-南西向。脉岩主要为闪长岩脉，发育于矿体上、下盘，呈北东-南西走向，产状较陡。

矿区构造主要表现为北东向韧性剪切带构造、张性断裂构造。韧性剪切带走向60°～70°，倾向南东，倾角60°～80°。张性断裂走向北东60°～70°，倾向115°～150°，倾角65°左右，常见被闪长岩脉充填。

区内共圈定6条金矿（化）体。

金矿体为（硅化）石英细网脉，赋存于北宽河组变质岩系内。矿体呈透镜体状、似层状，沿走向、倾向均有分支、复合现象；最大金矿体长470m，斜厚度7.42m，倾向115°，倾角65°，金最高品位$11.87×10^{-6}$。

矿石金属矿物主要为黄铁矿、磁铁矿、钛铁矿、黄铜矿，非金属矿物有石英、长石、绢云母、绿泥石、黑云母、方解石等。矿石具有自形—半自形粒状、他形粒状、碎裂胶结等结构，致密块状、条带状、浸染状、细脉—网脉状构造。

矿床成因类型为岩浆期后热液型。

估算金资源量（333+334类）3.07t。矿区勘查工作仍在进行中，金资源量有望进一步增加。

孟德河金矿床矿区地质图

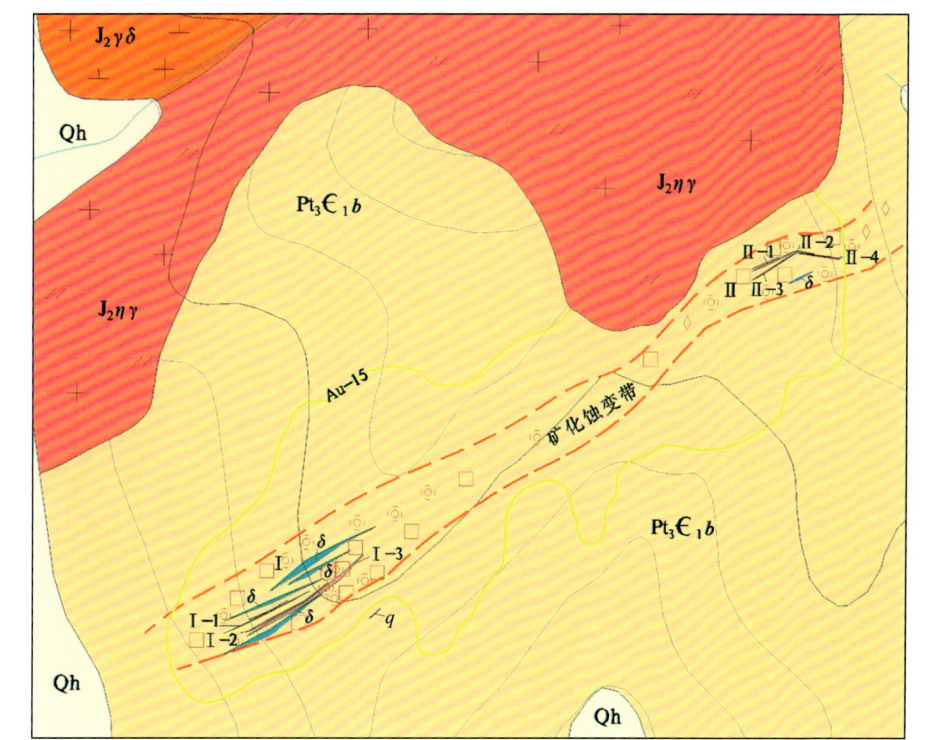

孟德河金矿床23勘探线剖面图

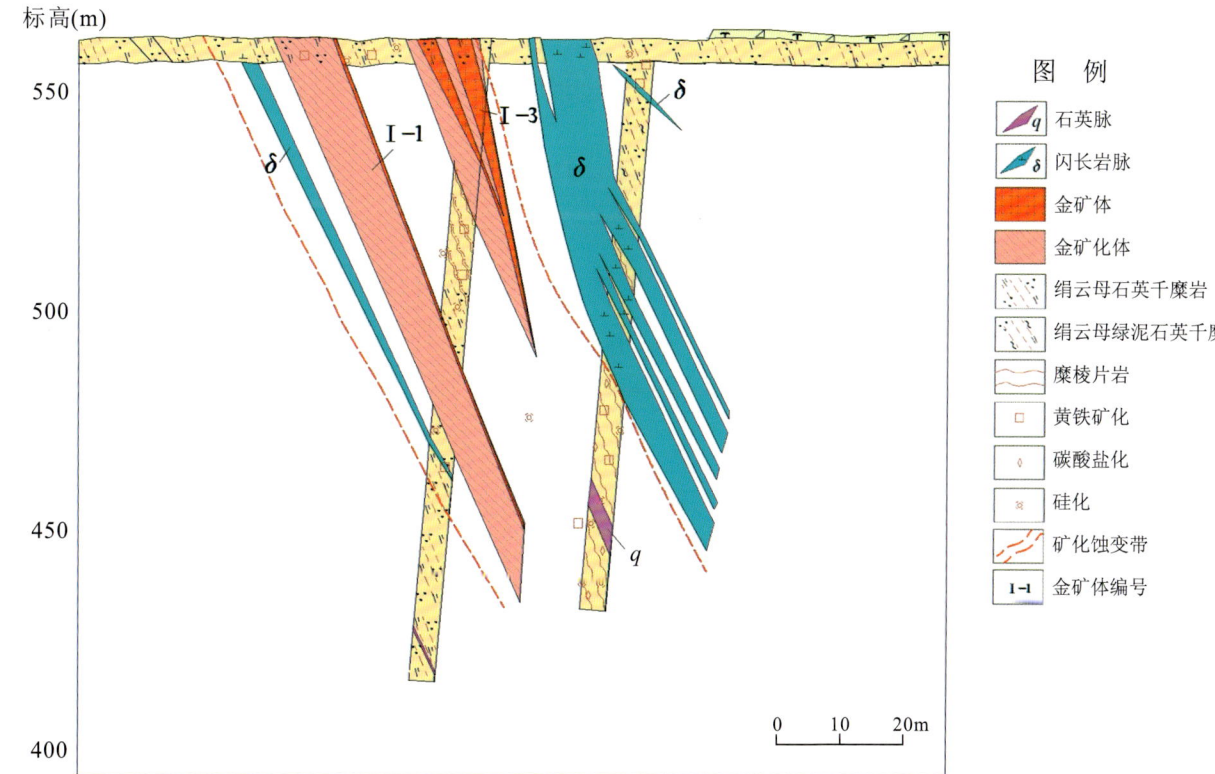

三合屯金矿床

矿床位于黑龙江省嫩江县三合屯村西北部，距三合屯村约40km。地理坐标：北纬49°21′00″—49°23′15″，东经125°33′00″—125°37′30″。

矿区出露的地层为下白垩统龙江组和光华组。龙江组主要岩性为玄武安山岩、安山岩，光华组主要岩性为流纹岩、流纹质凝灰岩。

岩浆活动分为晚古生代和中生代两期。晚古生代侵入岩主要形成早石炭世花岗岩基，岩体遭受强烈的韧性剪切变形作用，形成糜棱岩化花岗岩。中生代岩浆活动主要表现为北东向中性岩脉的侵入作用，形成规模不等的闪长岩脉。

矿区构造较为简单，主要表现为（区域性的）北东向韧性剪切带构造、剪切变形后的张性断裂构造。韧性剪切带走向15°～35°，倾向290°～320°，倾角15°～25°。张性断裂构造发育在韧性剪切带构造活动之后，断裂构造走向与糜棱线理基本一致，多被中生代闪长岩脉充填。张性断裂构造是区内控矿、容矿构造。

矿区已圈定金矿体13条，银矿体1条，钼矿体1条。矿体赋存在糜棱化花岗岩体内，矿石为硅化黄铁矿化花岗质糜棱岩。矿石具有自形—半自形粒状及他形粒状、胶结等结构，致密块状、浸染状、网脉状、团块状构造。

矿床成因类型为岩浆期后热液型。

估算金资源量（333+334类）2.42t，银资源量（333+334类）11.22t，钼资源量（333+334类）91.88t。

三合屯金矿床矿区地质图

三合屯金矿床29勘探线剖面图

二 道 坎 银 矿 床

矿床位于黑龙江省黑河市嫩江县二道坎村西北部,距二道坎村约2km处。地理坐标:北纬50°02′10″—50°04′15″,东经125°46′20″—125°48′10″。

矿区出露地层为中—下泥盆统泥鳅河组,岩性组合为安山岩、安山质火山碎屑岩、含钙粉砂质泥岩、铁质粉砂岩。岩浆侵入活动表现在中生代,形成贯穿矿区的辉绿岩脉(墙)。北西向张性断裂构造被辉绿岩脉充填,控制银矿体的空间分布。矿体产于北西向断裂构造内,赋矿岩石为破碎、蚀变的构造角砾岩。

已控制银矿体3条。矿体呈透镜体状,北西-南东走向,倾向北东,倾角80°左右。Ⅰ号矿体规模最大,矿体长480m,倾角80°～85°,倾向15°～35°,斜厚度14.2～30m,倾向延深115m,银平均品位315.63×10^{-6},伴生铅+锌平均品位1.20%,锰平均品位9.522%。

二道坎银矿床矿区地质图

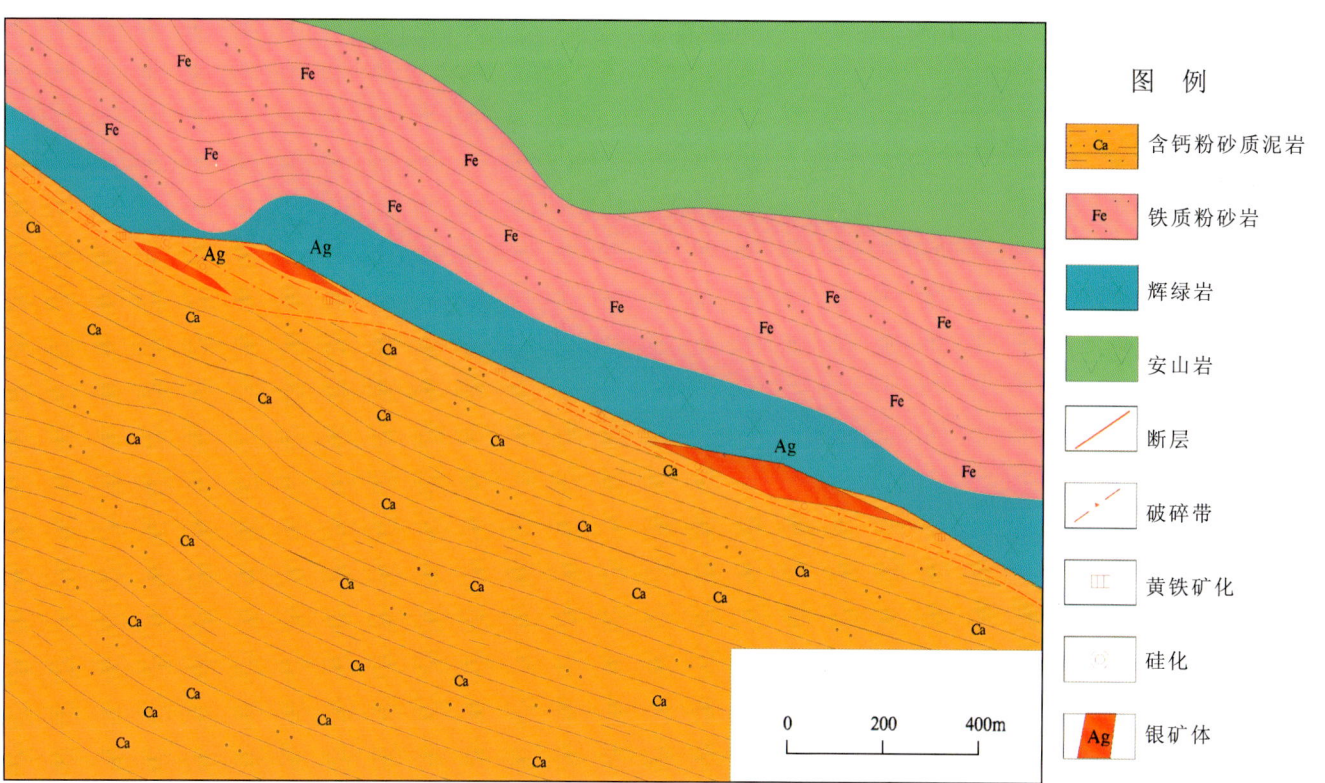

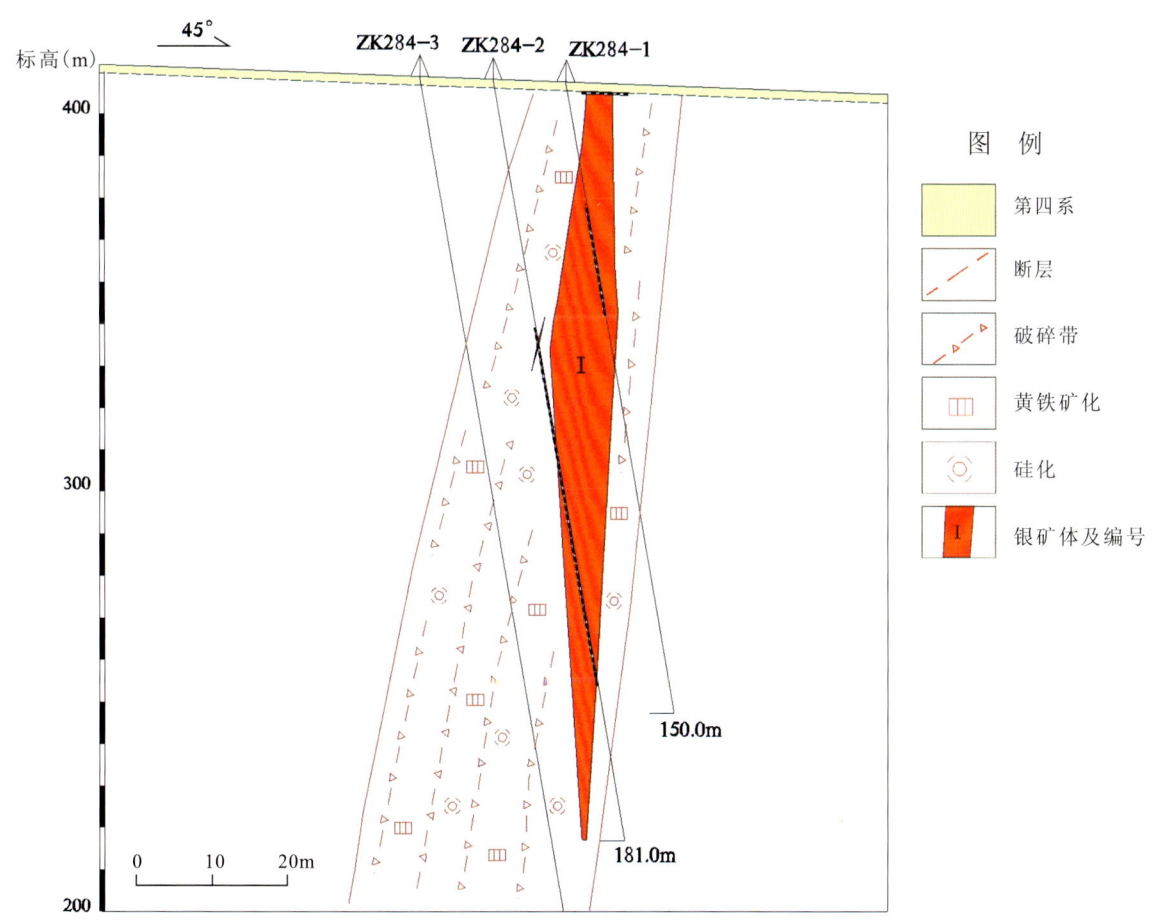

二道坎银矿床284勘探线剖面图

Ⅱ号矿体长180m,倾向20°～25°,倾角80°～85°,斜厚度6～13m,倾向延深110m,银平均品位550.71×10^{-6},伴生铅+锌平均品位1.641%,锰平均品位9.097%。

矿石矿物主要有黄铁矿、自然银、闪锌矿、方铅矿、深红银矿、铁锰矿、磁铁矿、黄铜矿。脉石矿物有石英、方解石、绿泥石、绿帘石、萤石、电气石、高岭土、绢云母等。矿石具自形—半自形粒状结构、他形粒状结构、交代结构、胶结结构,致密块状、浸染状、细脉及网脉状构造。

矿化蚀变类型有硅化、钠长石化、绢云母化、绿泥石化、黄铁矿化、萤石化、高岭土化及碳酸盐化,其中硅化、钠长石化、黄铁矿化蚀变作用与银矿化关系密切。

矿床成因类型为次火山热液型。

# 矿产资源分布与开发利用现状

金 资 源 分 布 与 开 发 利 用 现 状

根据黑龙江省矿产资源储量核查报告资料，多宝山—三道湾子地区共探明或勘查小型以上规模金矿床31处，其中独立岩金矿床8处，伴生金矿床3处，砂金矿床20处。

截至2016年底，多宝山—三道湾子地区累计探明金资源储量255.75t，其中岩金109.37t、伴生金115.41t、砂金30.97t。据初步统计，累计消耗金资源储量46.02t（岩金9.95t、伴生金12.37t、砂金23.70t），占探明资源储量的17.99%；已占用资源储量190.72t，占探明金资源储量的74.58%；未占用资源储量19.01t，占探明金资源储量的7.43%。

近年来，岩金矿找矿工作取得突破，探明或勘查矿床5处，分别是永新大型金矿床，三五八中型金矿床，孟德河、大新屯、洪业家小型金矿床；新发现矿点、矿化点若干，如三合屯、桦皮窑、托牛河等，通过进一步勘查有望成为具有一定规模的金矿床，金资源储量有望快速增长。

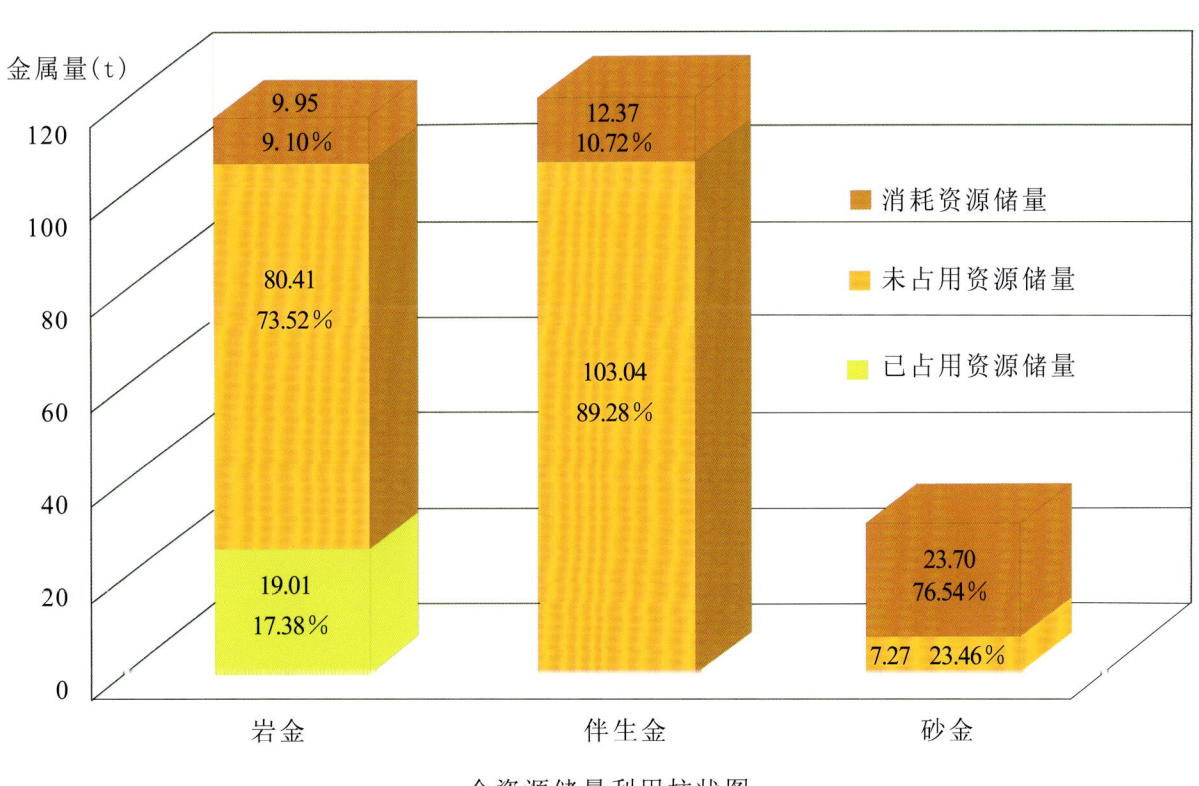

金资源储量利用柱状图

岩金、伴生金资源储量分布与开发利用现状

单位：kg

类型	矿床名称	矿区规模	工作程度	矿床成因类型	保有储量	保有基础储量	保有资源量	累积探明资源储量	可回收资源量	开发利用现状
岩金矿床	黑龙江省黑河市争光金矿床	大型	详查	次火山热液型			35 000	35 000	17 850	建设中
	黑龙江省黑河市三道湾子金矿床	中型	勘查	次火山热液型	6 093.4	4 881.58	1 211.82	16 075.22	13 901.75	开采
	黑龙江省黑河市上马场金矿床	中型	普查	次火山热液型			11 277.38	11 277.38	5 751.46	筹备利用
	黑龙江省嫩江县永新金矿床	大型	普查	次火山热液型			25 000	25 000	12 750	筹备利用
	黑龙江省嫩江县孟德河金矿床	小型	详查	岩浆期后热液型			3 000	3 000	1 530	
	黑龙江省黑河市洪业家金矿床	小型	普查	岩浆期后热液型			5 012.99	5 012.99	2 556.62	
	黑龙江省黑河市大新屯金矿床	小型	普查	岩浆期后热液型			2 000	2 000	1 020	
	黑龙江省黑河市三五八金矿床	中型	普查	岩浆期后热液型			12 000	12 000	6 120	
	小计				6 093.4	4 881.58	94 502.19	109 365.59	61 479.83	
伴生金矿床	黑龙江省嫩江县三矿沟铜（铁）矿床	小型	勘探	矽卡岩型		891.98	127	1 018.98	68.53	停采
	黑龙江省嫩江县多宝山（钼）矿床	大型	勘探	斑岩型			100 786	100 786	54 094.87	建设中
	黑龙江省嫩江县铜山铜矿床	中型	勘探	斑岩型	1 149.62	1 352.5	12 254.9	13 607.35	6 498.42	开采
	小计				1 149.62	2 244.48	113 167.9	115 412.33	60 661.82	
	合计				7 243.02	7 126.06	207 670.09	224 777.92	122 141.65	

砂金资源储量分布与开发利用现状

单位：kg

序号	矿床名称	矿区规模	工作程度	矿床类型	基础储量	保有资源量	累积探明资源储量	开发利用现状
1	黑龙江省嫩江县地质勘察设计所砂金一矿	小型	普查	冲积型砂矿	156.47	140.6	297.07	停采
2	大兴安岭松岭区嫩江团山子三队砂金矿	小型	普查	冲积型砂矿		564.65	564.65	难利用
3	黑龙江省嫩江县地质勘察设计所砂金矿	小型	普查	冲洪积型砂矿	425.5		425.5	停采
4	黑龙江省黑河市查尔格拉河-九道沟砂金矿	小型	勘探	冲积型砂矿	957.1	58.1	1 015.2	停采
5	黑龙江省黑河市罕达气砂金矿	中型	勘探	冲积型砂矿	6 817.71	131.25	6 948.96	停采
6	黑龙江省黑河市法别拉河砂金矿	中型	勘探	冲洪积砂矿	4 782.3	206.56	4 988.86	停采
7	黑龙江省黑河市剌尔滨河砂金矿	小型	勘探	冲洪积砂矿	328.3	181.4	509.7	停采
8	黑龙江省黑河市法别拉河中游砂金矿	小型	勘探	冲洪积砂矿	550.9	24.7	575.6	停采
9	黑龙江省黑河市阿尔滨河砂金矿	小型	勘探	冲洪积砂矿	424.63	285.63	710.26	停采
10	黑龙江省黑河市洪业家砂金矿	小型	勘探	冲洪积砂矿	266.4	78.2	344.6	停采
11	黑龙江省黑河市老冰沟-石金河砂金矿	小型	勘探	冲洪积砂矿	501.92	1 321.9	1 823.82	停采
12	黑龙江省嫩江县泥鳅河砂金矿	中型	勘探	冲积型砂矿	3 407.8	2 323.5	5731.3	停采
13	黑龙江省嫩江县乌力亚河砂金矿	小型	勘探	冲积型砂矿	1 103.08	143	1 246.08	停采
14	黑龙江省黑河市北师河砂金矿	小型	勘探	冲积型砂矿	132.9	1 157.2	1 340.1	停采
15	黑龙江省孙吴县名公司砂金矿	小型	勘探	冲积型砂矿	262.82	76.53	339.35	停采
16	大兴安岭松岭区五里小河砂金矿	小型	普查	冲洪积型砂矿		219	219	停采
17	黑龙江省呼玛县东吾罗河砂金矿	小型	勘探	冲洪积砂矿	72	149	221	停采
18	黑龙江省呼玛县宽河砂金矿	小型	详查	冲积型砂矿	1 665	75	1 740	停采
19	黑龙江省黑河市猪肚河砂金矿	小型	勘探	冲积型砂矿	1 347	50	1 397	停采
20	黑龙江省黑河市纳金口子乌里亚沟砂金子矿	小型	勘探	冲积型砂矿	454	81	535	停采
	合计				23 705.83	7 267.22	30 973.05	停采

金资源储量分布

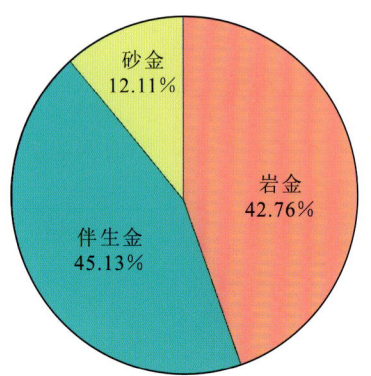

不同类型金矿总资源储量占比

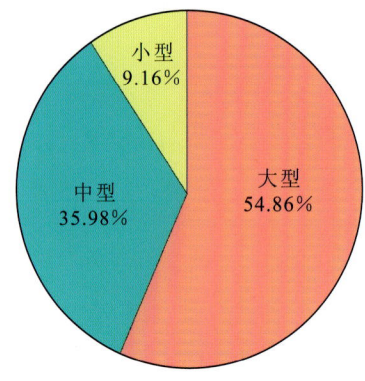

不同规模岩金矿床资源储量占比

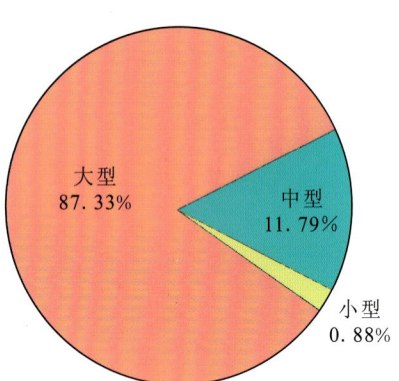

不同规模伴生金矿床资源储量占比

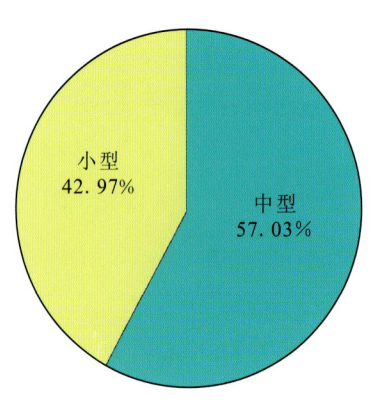

不同规模砂金矿床资源储量占比

金资源储量分布与矿床规模

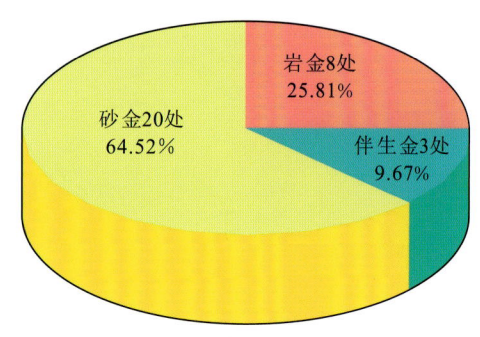

不同类型金矿床总资源储量分布（31处）占比

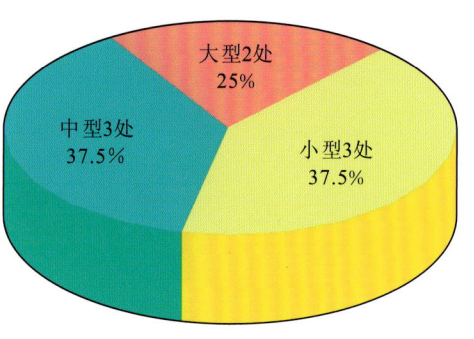

岩金资源储量与矿床规模（8处）占比

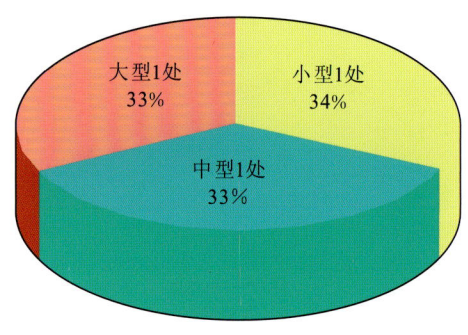

不同规模伴生金矿床资源储量与矿床规模（3处）占比

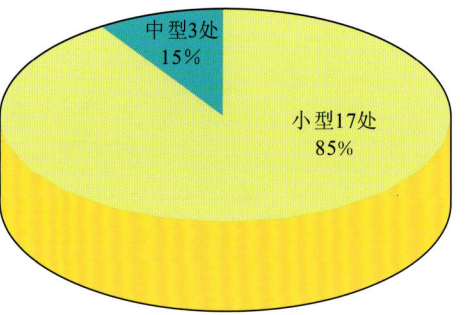

砂金资源储量与矿床规模（20处）占比

金资源储量与矿床成因类型、矿床勘查程度

岩金资源储量赋存矿床的成因类型占比

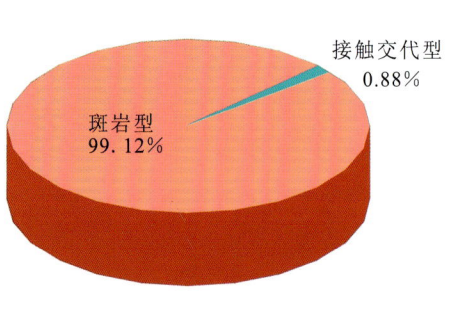

伴生金资源储量赋存矿床的成因类型占比

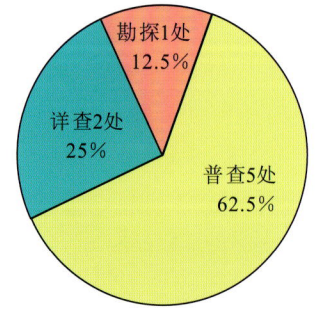

岩金资源储量赋存矿床的勘查程度占比

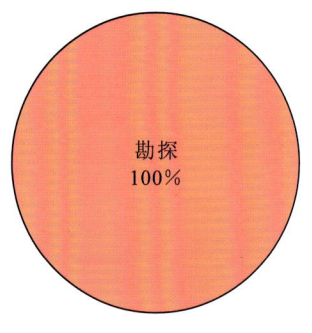

伴生金资源储量赋存矿床的勘查程度占比

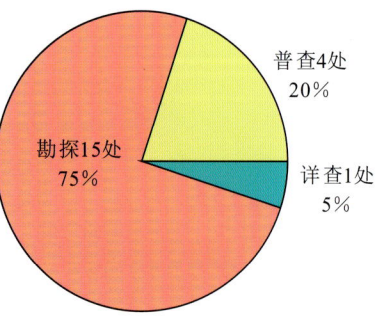

砂金资源储量赋存矿床的勘查程度占比

铜资源分布与开发利用现状

多宝山—三道湾子地区共探明或勘查小型及以上规模铜(与钼、铁、锌、金伴生)矿床4处，分别是三矿沟小型铜(铁)矿床、多宝山大型铜(钼)矿床、铜山大型铜矿床、争光金矿床，另外在爱辉区探明付地营子铁锌矿床。

截至2016年底，累计查明铜资源储量$378.41×10^4$t(付地营子小型铁锌矿床未参加储量数据统计)，其中铜基础储量$113.77×10^4$t，资源量$264.64×10^4$t。

据不完全统计，至2015年底，铜资源储量累计消耗量占比4.05%，累计占用量占比52.82%，累计未占用量占比43.13%。

铜资源储量集中分布在铜山、多宝山两处大型铜(钼)矿床，铜山矿床铜资源储量占全区资源储量的83.26%，多宝山矿床铜资源储量占全区资源储量的15.44%。自紫金矿业集团收购多宝山矿床以来，筹备巨资开展生产矿山建设，并筹建100 000t选矿厂，铜资源开发利用速度大大加快。

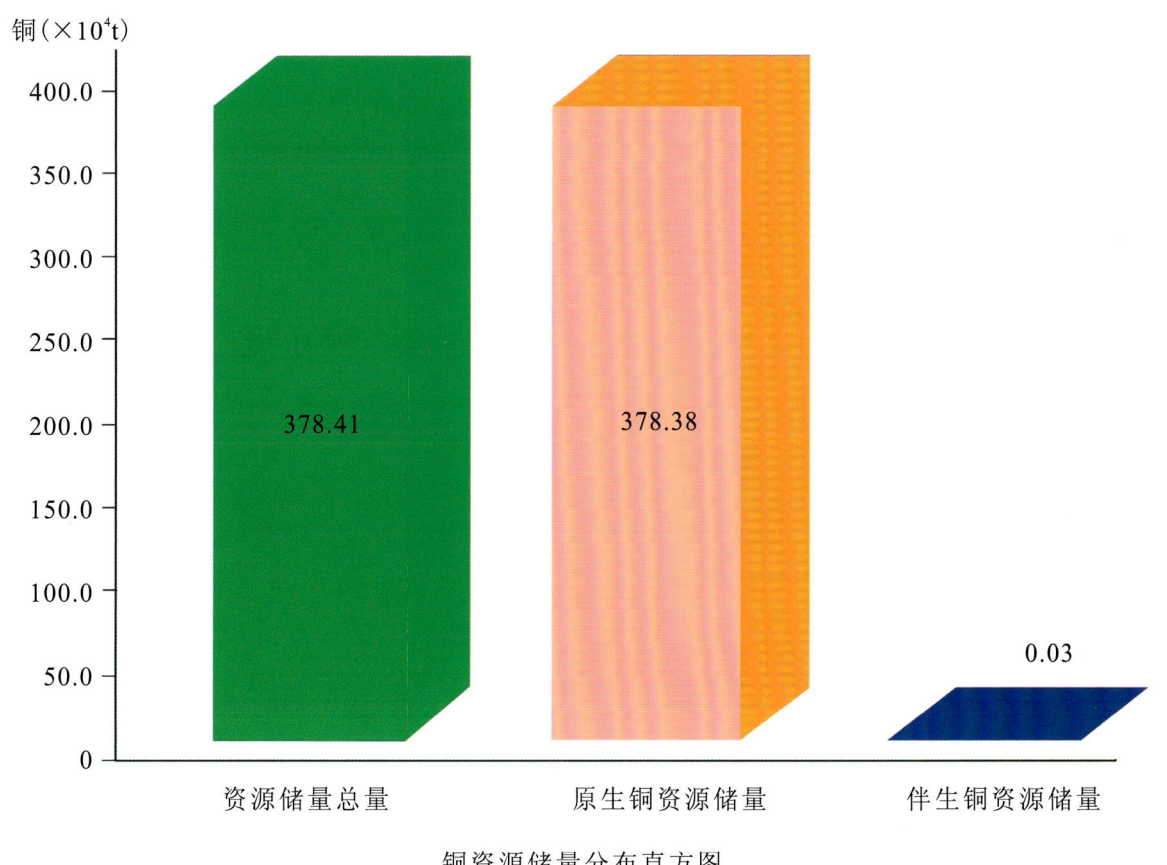

铜资源储量分布直方图

铜资源储量分布与开发利用现状

单位:t

序号	矿床名称	规模	工作程度	矿床成因类型	储 量	基础储量	资源量	资源诸量	可回收资助源量	开发利用现状
1	黑龙江省嫩江县三矿沟铜(铁)矿床	小型	勘探	接触交代型	66.75	39 604.42	9 467.91	49 072.33	6 191.62	停采
2	黑龙江省嫩江县三矿沟铜(钼)矿床	大型	勘探	斑岩型	840 382.84	988 685.70	2 161 775.35	3 150 461.05	1 133 952.75	开采
3	黑龙江省嫩江县铜山矿床	大型	勘探	斑岩型	812 58.37	109 386.65	474 884.44	584 271.09	458 124.20	停采
4	黑龙江省黑河市争光金矿床	小型	详查	次火山热液型			272.17	272.17	990.06	矿山筹建利用
	合 计				921 707.96	1 137 376.77	2 646 399.87	3 784 076.64	1 599 258.63	

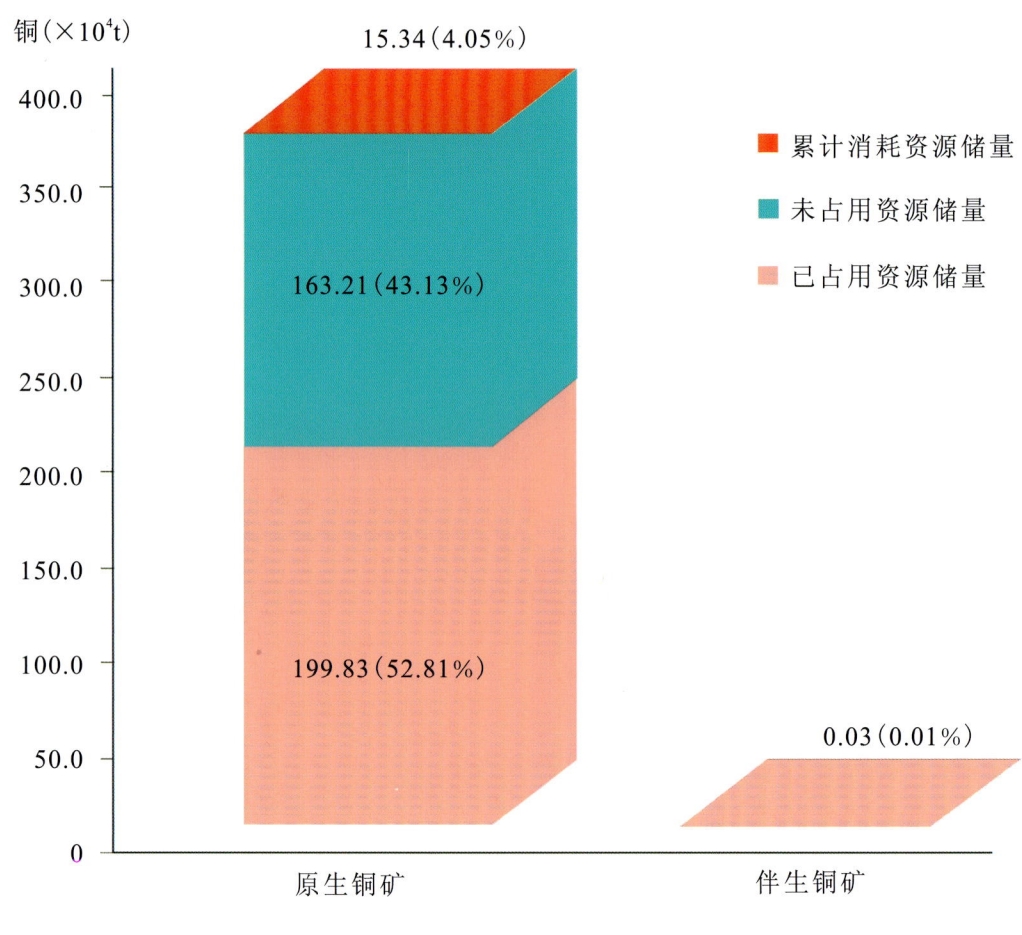

铜资源储量利用柱状图

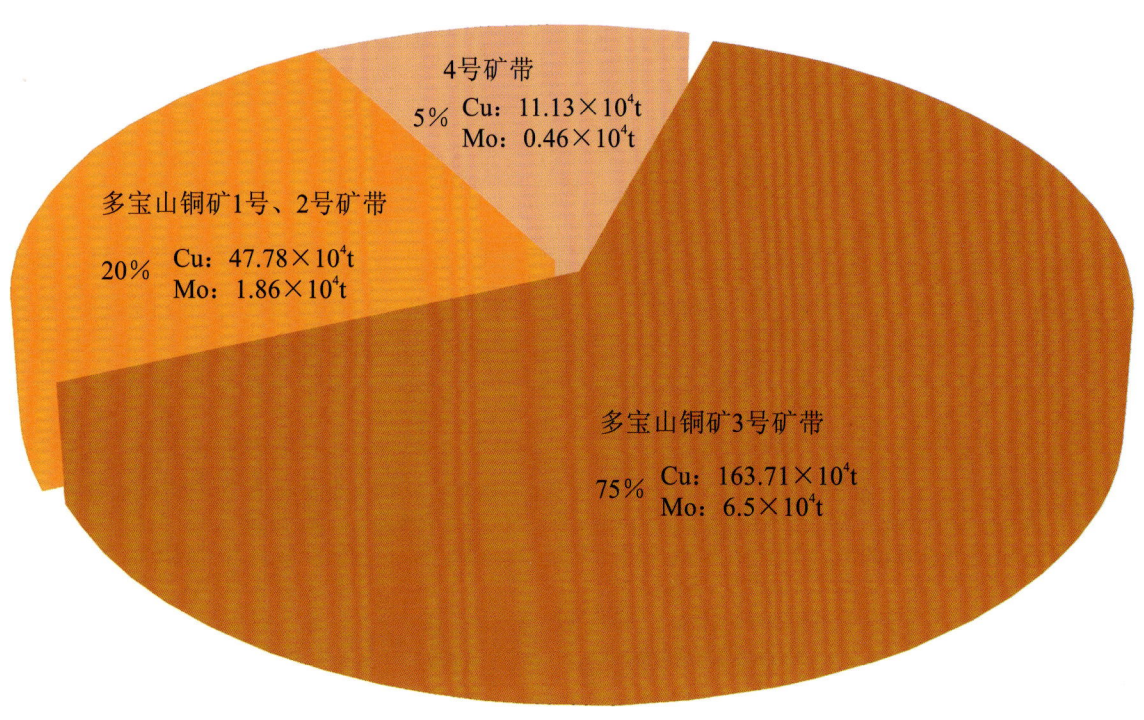

多宝山铜(钼)矿床铜资源储量分布图

钼、锌、锑、铁、银资源分布与开发利用现状

钼：探明的资源储量均为伴生钼资源储量，以多宝山铜(钼)矿床、铜山铜矿床为主产矿床，虽发现有独立的钼矿点，但目前未探获钼资源储量。区内累计查明钼保有资源储量$16.74×10^4$t，已占用保有资源储量$7.30×10^4$t(43.61%)，未占用保有资源储量$9.44×10^4$t(56.39%)。

锌：多在多宝山铜（钼）矿床、铜山铜矿床和争光金矿床伴生。累计查明锌保有资源储量$7.21×10^4$t，已占用保有资源储量$3.15×10^4$t(43.70%)，未占用保有资源储量$4.06×10^4$t(56.30%)。

锑：大新屯金锑矿床伴生。累计查明锑保有资源储量$1.56×10^4$t(100%)，已占用保有资源储量$1.56×10^4$t(100%)。

铁：三矿沟铜(铁)矿床伴生。累计查明矿石保有资源储量$442.24×10^4$t，未占用保有资源储量$67.12×10^4$t(15.18%)，累计消耗资源储量$375.12×10^4$t(84.82%)。

银：以伴生银矿床为主，2016年度在多宝山镇二道坎新发现独立银矿床1处，目前正在进行勘查，预计银资源量达到小型矿床规模。区内累计查明银保有资源储量2 005.72t(未包括二道坎银矿床)，已占用保有资源储量1 010.95t(50.40%)，未占用保有资源储984.30t(49.08%)，累计消耗银资源储量10.47t，占银资源储量的0.52%。

钼资源储量与开发利用现状

单位：t

序号	矿床名称	规模	工作程度	矿床类型	保有储量	保有基础储量	保有资源量	保有资源储量	可回收资源量	开发利用现状
1	黑龙江省嫩江县多宝山铜(钼)矿床	大型	详查	斑岩型	27 980.75	32 918.53	87 948.19	120 866.72	46 428.52	扩建
2	黑龙江省嫩江县铜山铜矿床	中型	详查	斑岩型	2 666.11	3 136.6	43 432.41	46 569.01	22 276.15	开采
	合计				30 646.86	36 055.13	131 380.6	167 435.73	68 704.67	

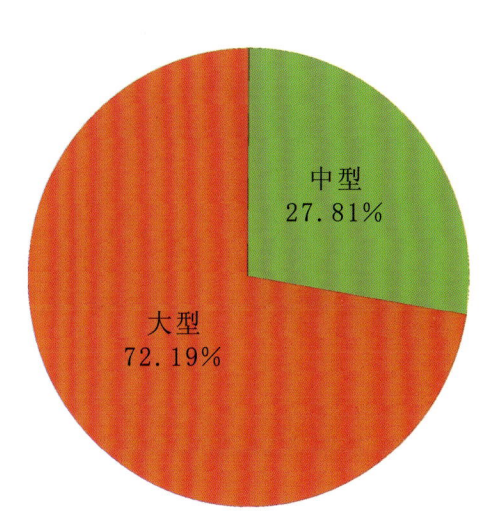

不同规模钼资源储量分布饼状图

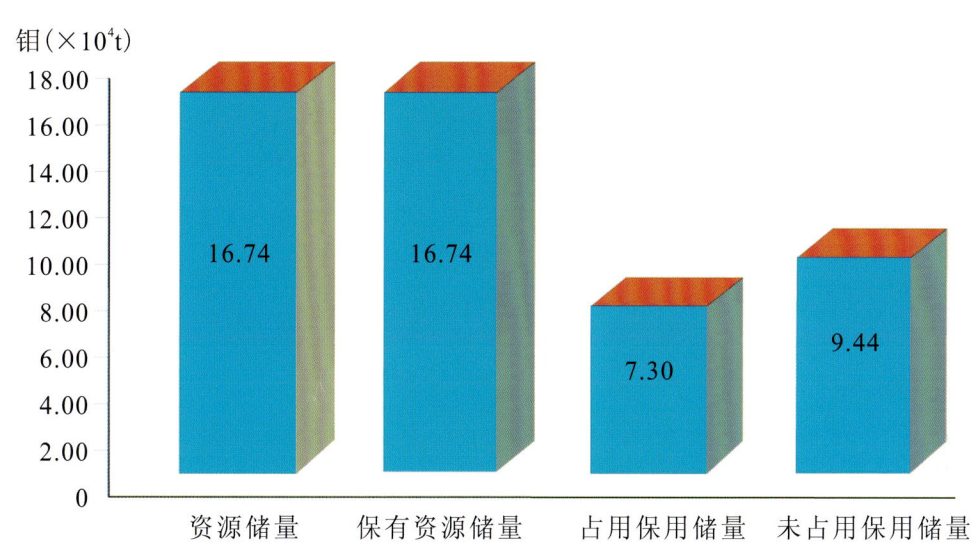

钼资源储量利用柱状图

锌、锑、铁资源储量与开发利用现状

序号	矿床名称	矿种	矿区规模	工作程度	矿床成因类型	单位	保有储量	保有基础储量	保有资源量	保有资源储量	可回收资源量	开发利用现状
1	黑龙江省嫩江县铜山铜矿床	锌	小型	勘探	斑岩型	t			41 275.12	41 275.12	23 766.42	开采
2	黑龙江省黑河市争光金矿床	锌	小型	详查	次火山热液型	t			30 834.71	30 834.71	23 965.77	计划利用
3	黑龙江省黑河市大新屯金锑矿床	锑	小型	勘探	岩浆期后热液型	t			15 540.16	15 540.16	7 925.48	未开发
4	黑龙江省嫩江县三矿沟铜（铁）矿床	铁	小型	勘探	接触交代型	$×10^4$t	1.34	375.12	67.12	442.24	50.82	停采

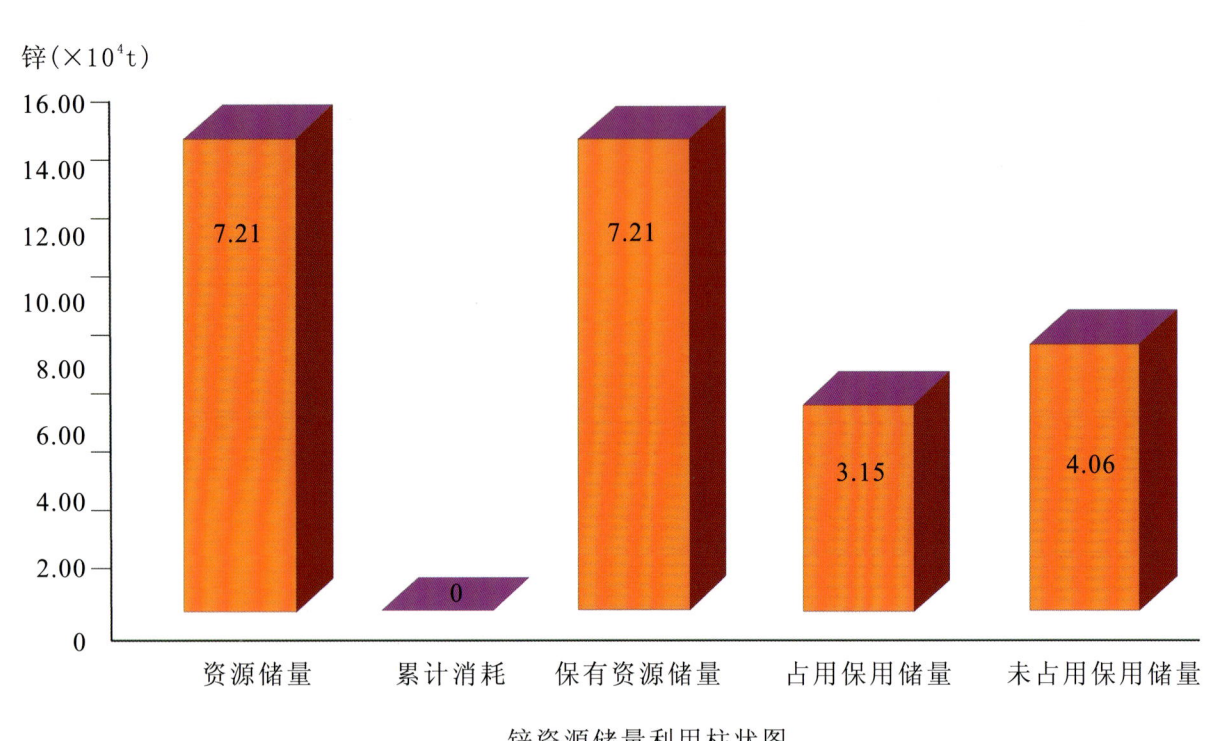

锌资源储量利用柱状图

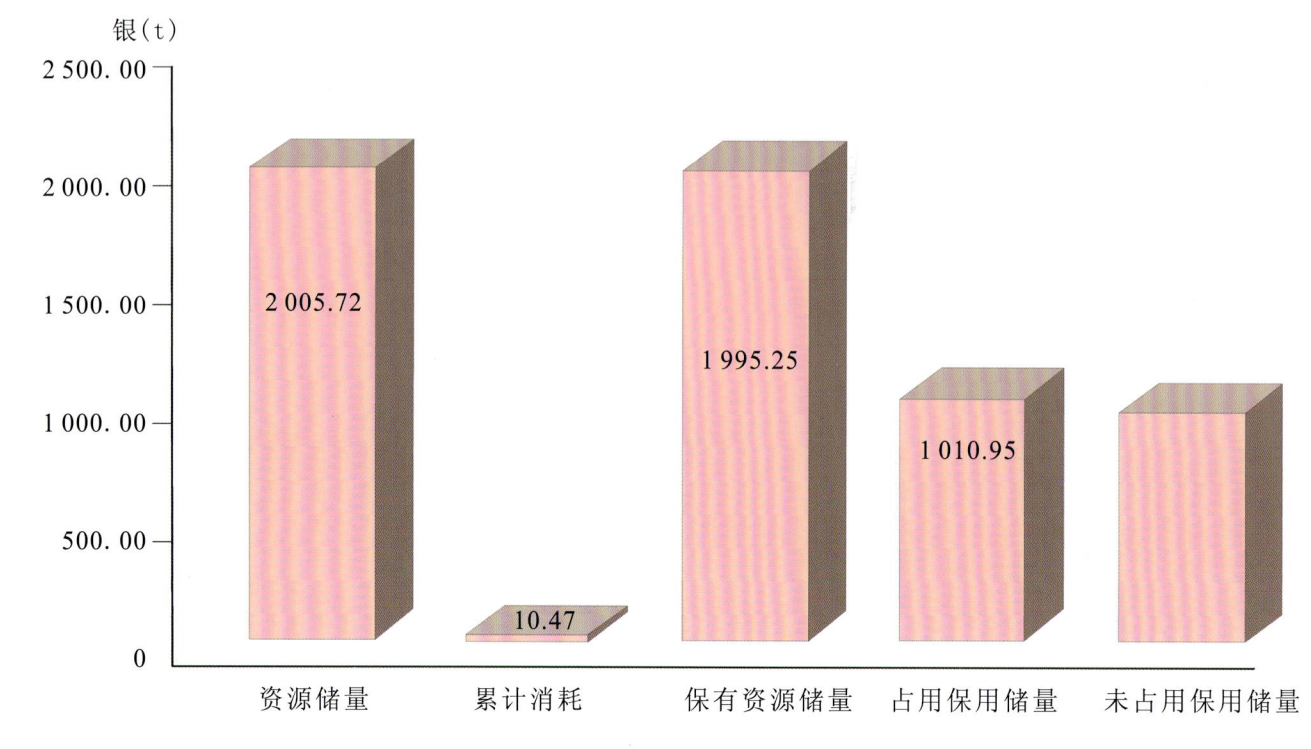

银资源储量利用柱状图

银资源储量与开发利用现状

单位：t

序号	矿床名称	规模	工作程度	矿床成因类型	保有储量	保有基础储量	保有资源量	保有资源储量	可回收资源量	开发利用现状
1	黑龙江省黑河市上马场金矿床	小型	普查	次火山热液型			1.4	1.4	0.79	计划利用
2	黑龙江省嫩江县三矿沟铜(铁)矿床	小型	勘探	接触交代型			21.32	31.79	11.37	开采
3	黑龙江省嫩江县多宝山铜(钼)矿床	大型	勘探	斑岩型			1 537.83	1 537.83	787.21	建设
4	黑龙江省嫩江县铜山铜矿床	中型	勘探	斑岩型	35.47	41.74	326.87	358.14	166.71	开采
5	黑龙江省黑河市争光金矿床	小型	详查	次火山热液型			43.71	43.71	38.55	计划利用
6	黑龙江省黑河市大新屯金锑矿床	小型	普查	岩浆期后热液型			22.38	22.38	10.74	计划利用
合计					35.47	41.74	1 953.51	1 995.25	1 015.37	

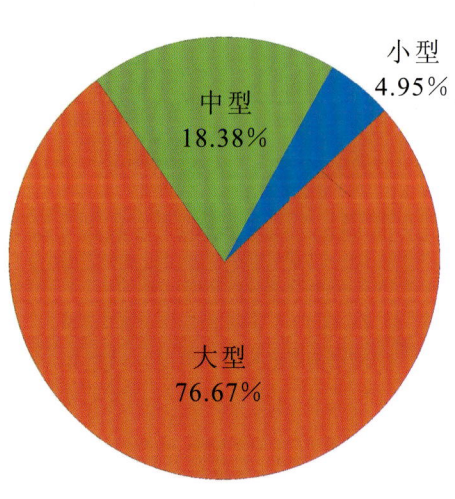

不同规模银资源储量分布饼状图